Aux quatre personnes les plus importantes dans ma vie :

Mon mari et meilleur ami, Gino,

et mes enfants Ilana, Michael et Luca.

Vous avez rempli ma vie d'amour à travers les moments simples

de la vie commune – là où on trouve les joies les plus grandes !

Cuisinez avec

Maria Loggia

Cuisinez avec

Maria Loggia

LES ÉDITIONS
CARDINAL

Cuisinez avec Maria Loggia
Maria Loggia

Photographies : Tango Photographie
Styliste culinaire : Jacques Faucher
Conception graphique : Luc Sauvé
Infographie : Richard Morissette
Traduction : Anne-Dominique Roy
Révision : Rachel Fontaine

Projet sous la direction d'Antoine Ross Trempe

Nous reconnaissons avoir reçu l'aide financière du gouvernement du Canada par l'entremise du Programme d'aide au développement de l'industrie de l'édition (PADIÉ) pour nos activités d'édition ainsi que l'aide du gouvernement du Québec - Programme de crédits d'impôts pour l'édition de livres et Programme d'aide à l'édition et à la promotion - Gestion SODEC.

ISBN : 978-2-920943-37-7

Dépôt légal : 2009
Bibliothèque et Archives du Québec
Bibliothèque et Archives Canada

D'abord publié sous le titre *At home with Maria Loggia*

Imprimé en Chine

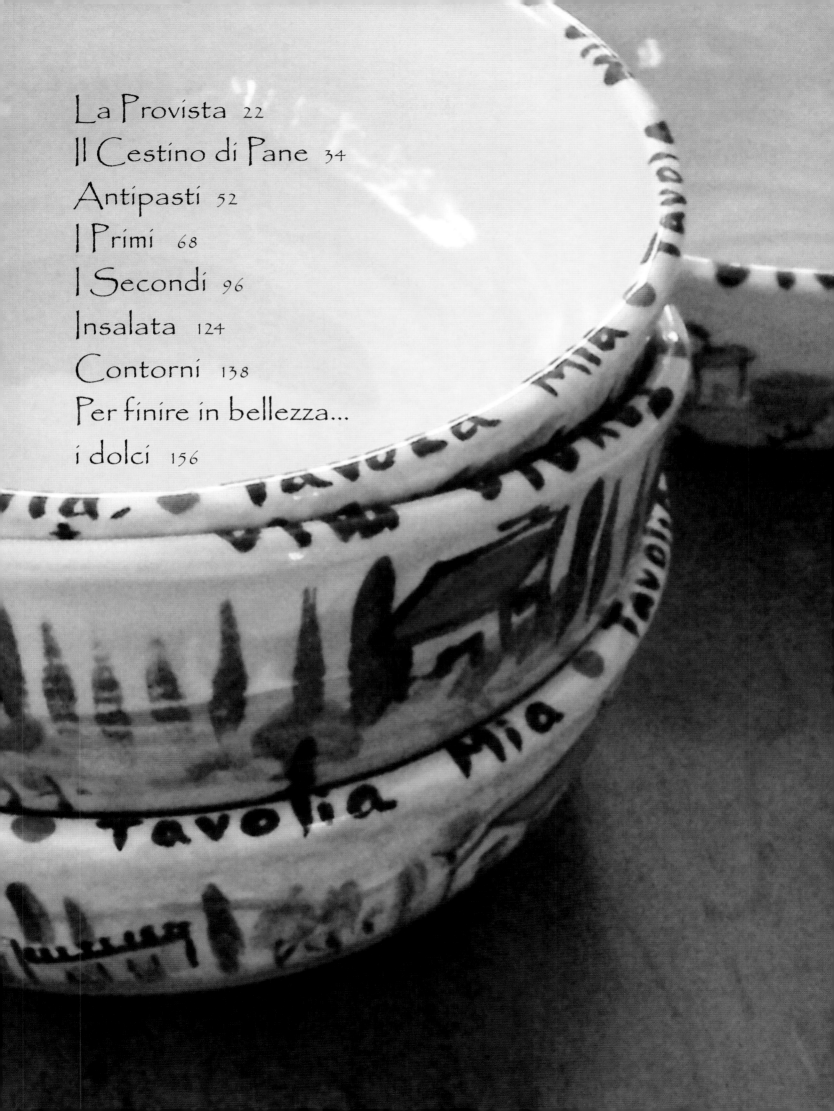

Remerciements :

Je désire remercier les personnes qui ont participé à la réalisation de ce rêve :

Mon mari Gino, mon âme-sœur, qui m'a soutenue dans mes ambitions effrénées et mes périples culinaires et sans qui je n'aurais peut-être jamais emprunté cette voie.

Mes enfants, Ilana, Michael et Luca, mes réels goûteurs et critiques aux papilles gourmandes.

Ma mère Gisella, parce qu'elle a cuisiné toute sa vie et qu'elle a été la première à me communiquer sa passion et à m'enseigner l'importance d'utiliser les meilleurs ingrédients pour préparer des plats à ceux qu'on aime.

Mon père Matteo, qui a travaillé fort pour élever sa famille et qui a toujours apporté les aliments les plus frais à notre table.

Ma grand-mère Concetta, qui est le pilier de ma force et mon grand-père Serafino, mon ange gardien, dont la présence se fait toujours sentir près de moi.

Daniela, ma magnifique nièce, qui m'a aidée à commencer.

Mes loyaux amis et ma famille rapprochée, vous vous reconnaissez, merci pour vos encouragements et votre amour, pour m'aider à me concentrer quand je travaille de longues heures.

Diane Laliberté, qui exerce un talent remarquable dans les coulisses – déterminée, douce et dynamique. Merci pour ta guidance et pour ton aide à la préparation des plats pour la séance de photos.

Susan Semenak, mon amie rusée, intelligente et pétillante. Merci de croire en moi.

Mes amis Sheri et Gary Levitt, pour leur soutien constant et leurs bons conseils.

Richard Trempe et son équipe des Éditions Cardinal qui m'ont donné ma chance et qui ont eu confiance en mes instincts et en mon savoir-faire.

Tango photographie pour sa formidable et talentueuse équipe avec laquelle il a été si agréable de travailler.

Luc Sauvé, graphiste, merci pour ta patience et pour avoir donné tant de beauté à ce livre.

Birri et Frères, tout spécialement Joe Zambito, pour avoir cueilli toutes les fines herbes fraîches, les feuilles tendres de laitue et les jeunes légumes utilisés pour préparer les recettes de ce livre.

Creuset Canada à St-Catherine, Ontario, pour nous avoir fourni gentiment les casseroles et les ramequins photographiés dans ce livre.

Enfin, je remercie infiniment toutes les âmes merveilleuses qui ont honoré ma table de leur présence et qui m'ont accordé le privilège de partager avec elles mes passions. Sans vos encouragements, ce livre n'aurait pas été possible et pour cela, je vous en suis grandement reconnaissante.

Préface

Maria, Maria, Maria!

Déjà son nom était prédestiné. Mère nourricière, protectrice et source de vie, Maria Loggia est tout ça à la fois. Si on ne la connaissait pas, on dirait qu'elle incarne la mamma italienne parfaite. Celle qu'évoquait Anna Magnani dans le film *Rome ville ouverte*. Celle aussi personnifiée par la Sophia Loren de *Una Giornata Particolare*.

Mais Maria est une femme moderne, qui vit avec son temps, et s'inspire de tout ce qui l'entoure. À la fois innovatrice et attachée à ses racines, elle nous entraîne dans le monde séduisant et rassurant de la cuisine italienne contemporaine. Pas la cuisine figée de l'avant-guerre, ni la cuisine pompeuse des restaurants néo-italiens, souvent baroque et antinomique à tout ce que l'auteure veut nous apprendre dans ce livre. Pour elle, l'Italie est le pays des produits frais, traités avec le plus d'égards possibles et ça, ça se traduit par rapidité mais délicatesse, simplicité et dénuement absolu. Une goutte d'huile d'olive extra vierge, un trait de jus de citron, un peu de sel, des herbes fraîches cueillies quelques instants avant de les ajouter, voilà une cuisine italienne qui ne tolère aucun maquillage, aucun effet cosmétique. Juste des arômes pour exalter le parfum naturel des choses, des légumes, des fruits, et même parfois des fleurs, en un mot des plantes. Car cette cuisine en fait grand usage. En un sens, ce sont les règles d'une cuisine de « pauvre », réintroduite dans la vie riche des habitants de nos pays si prospères. Et cette cuisine contient tous les bienfaits d'une diète saine et mieux adaptée que jamais à notre style de vie très sédentaire. Maria Loggia est en ce sens une ambassadrice, archétype de ces racines italiennes revenue à la mode avec vigueur. Chaque page de cet ouvrage nous livre un témoignage sur chaque plat, chaque circonstance dans laquelle il a été servi et, pour chacun des convives à qui il a été destiné, un mot d'amour, pourrions-nous dire, qui définit avec grâce cette belle passion de nourrir les gens qu'elle aime.

ROBERT BEAUCHEMIN, journaliste gastronomique, *La Presse*

Introduzione
Introduction

On dit que « l'amour est un saut qui doit être fait dans l'inspiration ». Si cela est vrai, la passion est le vent qui souffle dans notre dos et nous pousse vers l'avant. Toutes mes passions tournent autour de ma famille et comprennent tout ce qui nous unit : l'amour, la vie, et bien sûr, la cuisine.

Peu de choses apportent autant de joie que le partage d'un bon repas en famille et entre amis. Être assise à la table de la cuisine à écouter mes parents plaisanter ou discuter de leur journée fait partie des expériences les plus marquantes de mon enfance. La cuisine paraissait être le centre nerveux de la maison. C'était l'endroit où je partageais mes espoirs et mes peurs avec ma famille et mes amis. C'était aussi l'endroit où mon père, cet attachant *gentleman farmer*, faisait fièrement étalage des différents légumes qu'il récoltait dans le jardin et où ma mère se désespérait d'avoir à préparer un autre panier de haricots, de poivrons, de tomates, et bien sûr, de ces courgettes dont la croissance rapide demeure célèbre... C'était également là où nous passions des heures innombrables durant l'automne à nettoyer et à préparer des tomates pour les conserves (comme notre délicieuse sauce tomate) qui allaient durer l'année entière !

Comme la plupart des familles immigrantes, la mienne était très unie. Même si nous étions nombreux, nous avions toujours hâte aux moments que nous passerions ensemble. En ces occasions, chacun espérait voir la cuisinière lui présenter fièrement son plat favori. Pour certains, c'était les olives fourrées, pour d'autres, les escalopes de veau – et la plupart des enfants attendaient impatiemment leur lasagne ou leurs medaglionis farcis. Je suis très chanceuse d'être issue d'une famille de merveilleuses cuisinières qui tiraient une grande fierté de leurs aptitudes culinaires. Ma mamma Gisella, tout comme ma nonna Lisetta, ne décevaient jamais les convives même lorsqu'elles préparaient les plats les plus simples. Je crois que c'est là, assise près de ma mère à la regarder préparer avec tant d'attention des repas pour la famille, qu'a été plantée dans mon esprit la graine d'où germerait plus tard ma passion pour la cuisine.

Après mon mariage, mon mari et moi avons déménagé quelques fois et avons eu le plaisir de nous lier d'amitié avec des gens qui aiment la nourriture autant que nous. Ces liens m'ont permis, encore une fois, de partager mon enthousiasme pour la cuisine.

Ma transformation en une véritable mordue de gastronomie a eu lieu lors de mon premier voyage en Italie. Après avoir atterri à Rome, nous avons sauté dans une Fiat Punto pour descendre la côte méditerranéenne jusqu'en Sicile en nous arrêtant à quelques occasions. Sur le chemin du retour, nous avons roulé le long de la côte adriatique jusqu'à Venise (des piments rouges accrochés au rétroviseur pour sécher), avant de finalement revenir à Rome. Au cours du voyage, nous avons goûté la cuisine de différentes régions et pris plaisir à découvrir les ingrédients frais utilisés et les nuances apportées aux plats d'un endroit à un autre.

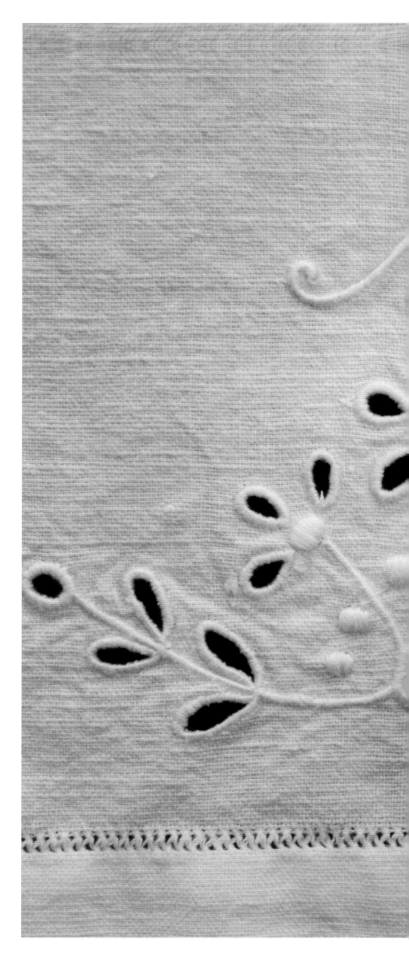

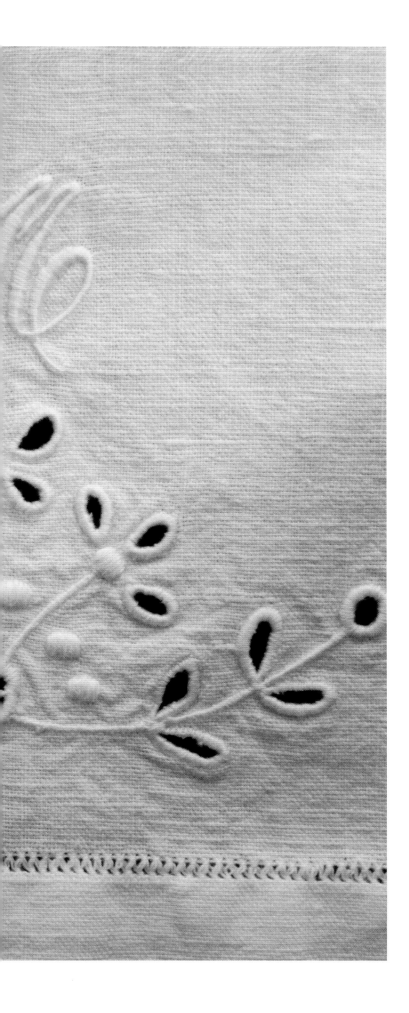

À l'exemple des gens rencontrés en Italie, j'ai adopté leur façon de faire : n'acheter que des fruits et légumes de saison. Cette approche démontre un respect fondamental de la nourriture qui célèbre non seulement l'histoire culinaire, mais élève également l'alimentation au niveau de grand art. Plus tard, j'ai étudié et suivi des cours avec différents cuisiniers qui ont su m'inspirer par leur amour de la cuisine et leur fidélité envers les méthodes de cuisine traditionnelle.

Ce fut peu de temps après, au printemps 1999, que je mis sur pied l'École de fine cuisine italienne Tavola Mia. Au départ, ce n'était qu'un cours de cuisine offert à mes amis (par petites classes de quatre étudiants). Toutefois, avec les années et à mesure que s'approfondissait ma connaissance de la cuisine italienne, le projet a pris de l'ampleur. Le principe de base est d'utiliser les ingrédients les plus frais possible afin de concocter des plats sains et délicieux. Beaucoup de mes étudiants, qui considéraient a priori la cuisine comme une corvée, ont appris à tirer une grande fierté des plats qu'ils préparent.

Bien que les recettes proposées dans ce livre puissent à première vue sembler intimidantes pour le débutant, elles peuvent toutes être concoctées grâce à quelques ingrédients simples : un peu de patience, de l'amour et la passion de donner aux êtres chers le plus beau des cadeaux !

Benvenuto a Casa Mia

Bienvenue chez moi

La maison est mon lieu de prédilection, c'est là où je me rapproche le plus des gens que j'aime.

La Provista

Pour commencer

La Dispensa
Un garde-manger bien garni

Plus je cuisine, plus je me rends compte de l'importance de tenir un garde-manger bien rempli. Préparer un plat aussi simple que des escalopes de veau panées devient réellement difficile lorsque l'on manque de chapelure en pleine préparation. Je suis certaine qu'à un moment ou à un autre, vous avez éprouvé un contretemps semblable. En fait, la chose la plus utile que j'ai apprise en dirigeant une école de cuisine est que l'on peut préparer beaucoup d'ingrédients à l'avance et ainsi se faciliter la vie. Ce qui est essentiel, d'abord, est de remplir le garde-manger d'ingrédients de première nécessité. Assurez-vous ensuite de toujours avoir du bouillon de poulet ou de légumes fait maison dans votre congélateur ; ils serviront à préparer des repas simples et délicieux comme des soupes, des sauces et des risottos. Achetez vos ingrédients chez des marchands qui ne sont pas réputés seulement pour la qualité de leurs produits, mais également pour leur connaissance des marchandises. C'est pourquoi je magasine souvent dans des épiceries spécialisées, celles-ci m'offrent les ingrédients les plus frais et un service personnalisé. Je vous conseille de prendre le temps de créer des liens avec votre boucher, votre poissonnier et votre marchand de fruits et légumes. Non seulement vous vendront-ils ce qu'ils ont de mieux, mais vous serez étonnés de découvrir que faire les emplettes devient beaucoup plus agréable ! On vous offrira des os pour préparer un bouillon de poulet, des queues et des têtes de poissons pour concocter un fumet délicat ou peut-être, une tête d'ail fraîchement cueillie pour confectionner une frittata parfumée...

Nous savons tous que la cuisine italienne est l'une des plus appréciées du monde en raison de la simplicité de ses plats. Les Italiens croient que cela permet de mettre en valeur le goût de chaque ingrédient. Il est donc fondamental d'avoir en sa possession des produits de première qualité afin de préparer et de partager les plats italiens que l'on adore.

Voici une liste des ingrédients que vous devriez toujours avoir sous la main :

- Des tomates italiennes en conserve. Celles de la marque italienne San Marzano, d'appellation A.O.C., sont les meilleures que l'on retrouve sur le marché. Achetez toujours des tomates entières pour préparer les sauces et les ragoûts.

- De la pâte de tomate. J'utilise du doppio concentrato (double concentré), importé d'Italie, qui se vent commodément en tube.

- Des tomates semi-séchées au soleil conservées dans l'huile, importées d'Italie de préférence.

- Des pâtes sèches. Pour les plats de tous les jours, vous pouvez acheter des pâtes commerciales comme les marques Barilla, Delverde et De Cecco, ou pour un goût et une texture plus raffinés, faites-vous plaisir avec des pâtes de marques artisanales comme les Rustichella d'Abruzzo ou les Latini.

- Des pâtes fraîches, faites maison ou achetées dans une épicerie spécialisée.

- De la farine de maïs, fine et à gros grains, pour préparer une polenta ou des desserts.

- De la semoule, pour préparer des pâtes fraîches, des gnocchis, des desserts et pour enrober les pâtes fraîchement faites afin qu'elles ne collent pas.

- Du riz pour les risottos, les soupes, les salades et les desserts. Choisissez de préférence du superfino importé d'Italie comme le Carnaroli, le Vialone-Nano, ou l'Arborio - le plus répandu.

- De la chapelure, faite maison de préférence, ou achetée à la boulangerie du coin et rangée au congélateur. Évitez la chapelure commerciale : elle est souvent assaisonnée, rance et contient, en général, des agents de conservation indésirables.

- De l'huile d'olive extra vierge. Achetez de l'huile à bon prix, mais de bonne qualité, pour la cuisson, et une huile d'appellation d'origine contrôlée (A.O.C.) pour arroser et servir les plats.

- Sel de mer. Choisissez du sel de mer fin pour terminer, et du gros sel pour cuire les pâtes et blanchir les légumes. Mon sel de mer préféré est le sel floconneux de Maldon importé d'Angleterre. Je garde également du sel cachère pour usage courant.

- Des cèpes séchés emballés en petits paquets de cellophane ; recherchez les morceaux les plus gros qui ont de larges chapeaux et des petits pieds.

- Des légumineuses telles que des haricots cannellinis, des fèves et des lentilles. Assurez-vous de les acheter d'un épicier de bonne réputation qui effectue une excellente rotation, car la fraîcheur est primordiale.

- Des anchois. Les anchois au sel sont les meilleurs ; leur chair est abondante et étonnamment moins salée que ceux conservés dans l'huile.

- Des câpres. Choisissez des câpres conservées dans le sel car elles sont de qualité supérieure. Veillez à bien les rincer avant de les utiliser.

- Des boîtes de thon conservé dans l'huile d'olive.

- Du vinaigre de vin rouge, vieilli en fût de bois de préférence ; cela l'adoucit et lui permet d'atteindre sa maturité. Évitez d'acheter les vinaigres fabriqués industriellement qui couvrent les tablettes des supermarchés, ils ont tendance à être astringents et à manquer de saveur et de caractère.

- Du vinaigre balsamique. Selon la loi, tout vinaigre portant l'appellation « aceto balsamico tradizionale » doit avoir au moins 10 ans d'âge. Il est fabriqué dans la province de Modène en Émilie-Romagne. Il existe également une version commerciale, moins âgée, portant le nom de « aceto balsamico ». J'aime garder les deux : le plus jeune et moins dispendieux pour les vinaigrettes et le plus âgé pour arroser les fraises et la crème glacée à la vanille.

- Du fromage Parmigiano-Reggiano. Achetez de gros morceaux et râpez la quantité dont vous avez besoin ou dégustez simplement en petits morceaux.

- Du Pecorino Romano au lait de brebis. On l'utilise surtout râpé (je le râpe toujours juste au moment de servir).

- Des fines herbes fraîches. Gardez sous la main du basilic, du persil plat, du romarin, de la sauge, du thym et de la menthe.

- Des épices et des fines herbes sèches comme des grains de poivre noir entiers, de l'origan séché, des feuilles de laurier, des flocons de piment rouge (peperoncini), des piments d'Espelette, de la poudre de curcuma et de la muscade entière.

- Du bouillon de poulet et de légumes faits maison. Je n'insisterai jamais assez sur l'importance de ce riche bouillon dans la cuisine ; en plus de rehausser la saveur des plats, il nous fait gagner un temps précieux.

Brodo di Pollo

Bouillon de poulet

Le bouillon de poulet est mon or liquide. J'en ai toujours un peu sous la main pour préparer un risotto, une soupe ou une sauce. Plus que tout, j'aime en servir aux membres de ma famille. Ma mère et ma grand-mère en confectionnaient toujours de grandes quantités. Boire un bouillon de poulet fraîchement préparé a toujours eu quelque chose de familial et de réconfortant.

Un poulet de 3 ½ lb (1,5 kg) avec cous et dos supplémentaires, lavés à l'eau salée

2 lb (1kg) d'os de veau ou de bœuf, bien lavés à l'eau salée

1 gros oignon, coupé en deux avec la pelure pour la couleur

2 grosses carottes, pelées et coupées en deux

2 branches de céleri avec les feuilles, coupées en deux

2 petites pommes de terre pelées et entières

3 gousses d'ail avec la pelure

2 tomates mûres, coupées en deux

2 poireaux, en incluant les parties vert tendre, coupés sur la longueur et bien lavés

3 à 4 brins de persil plat frais

3 à 4 brins de thym frais

3 à 4 brins de romarin frais

2 feuilles de laurier

1 c. à soupe (15 ml) de poivre noir, concassé

2 baies de genièvre

2 clous de girofle

1 c. à soupe (15 ml) de curcuma

1 morceau de croûte de Parmigiano-Reggiano

Sel, au goût

❀ Dans une grande marmite, combiner le poulet, les cous et les dos supplémentaires ainsi que les os, recouvrir de 2 à 3 pouces (5 à 8 cm) d'eau froide. Amener à ébullition. Écumer au besoin. Réduire à feu doux et ajouter les légumes aromatiques et le reste des ingrédients. Mijoter doucement à découvert de 2 à 2 h 30 en écumant lorsque nécessaire.

❀ Ne saler que vers la fin de la cuisson parce que le bouillon devient de plus en plus concentré à mesure qu'il réduit.

❀ Filtrer le bouillon à travers une passoire fine pour le verser dans un grand bol. Laisser tiédir à la température de la pièce et réfrigérer le bouillon pendant toute une nuit.

❀ Le lendemain, enlever la couche de gras durci à la surface pour obtenir un bouillon sans matières grasses.

❀ Réfrigérer le bouillon et le consommer dans les 3 jours ou ranger au congélateur pour le conserver jusqu'à 1 mois.

DONNE : 5 À 6 LITRES

Consigli di cucina

Ne couvrez pas la marmite. Écumez régulièrement, car les impuretés remontent à la surface pendant la cuisson. À la fin, filtrez le bouillon avant qu'il ne refroidisse; si vous le laissez refroidir alors qu'il contient les légumes et les herbes, il peut prendre une couleur foncée ou devenir trouble.

Je conserve toujours un sac de plastique au réfrigérateur dans lequel je mets les queues de persil et les autres herbes, les parties vert foncé des poireaux et tout autre légume aromatique qui commence à se flétrir… À la fin de la semaine, je les ajoute à la marmite !

Brodo di Verdure — Bouillon de légumes

En plus d'être rapide et facile, cette recette est parfaite pour nos amis végétariens.

2 gros oignons, coupés en deux, avec la pelure pour la couleur

2 branches de céleri avec les feuilles, coupées en deux

2 gousses d'ail, non pelées

2 panais, pelés et coupés en deux

2 pommes de terre, pelées et entières

6 carottes, pelées et coupées en deux

2 poireaux, avec les parties vert tendre, coupés sur la longueur et bien lavés

1 tomate, coupée en deux

4 feuilles de laurier

2 brins de thym frais

8 brins de persil plat frais

1 c. à soupe (15 ml) de poivre noir concassé

1 c. à soupe (15 ml) de curcuma

1 petit morceau de croûte de Parmiagiano-Reggiano

1 petit morceau de gingembre frais, pelé (facultatif)

Sel au goût

❀ Faire tremper les légumes dans un bol d'eau froide pendant 30 minutes. Égoutter, mettre les ingrédients dans une grosse marmite et couvrir de 3 pouces (8 cm) d'eau froide. Couvrir à moitié et porter à faible ébullition à feu moyen. Réduire à feu doux et laisser mijoter pendant environ 1 heure. Saler. Filtrer le bouillon à travers une passoire fine. Réfrigérer pour le consommer dans les 3 jours ou congeler pour le conserver jusqu'à 1 mois.

DONNE : 6-8 TASSES (1,5-2 L)

Consigli di cucina

La prochaine fois que vous préparerez un bouillon de légumes, ajoutez-y des pieds de champignons, des feuilles de fenouil ou tout autre légume ou herbe que vous avez sous la main. Il n'y a qu'une règle : certains légumes, comme les asperges, ont une saveur forte, évitez donc de les utiliser à moins d'en faire une soupe ou un risotto aux asperges. Ne couvrez pas la marmite. Vous devez écumer régulièrement parce que les impuretés continuent de remonter à la surface pendant la cuisson. À la fin, filtrez le bouillon avant qu'il ne refroidisse; si vous le laissez refroidir alors qu'il contient les légumes et les herbes, il risque de prendre une couleur foncée ou de devenir trouble.

Il Cestino di Pane

La corbeille à pain

Consigli per Pizza
Pour réussir vos pizzas

❋ *Vérifiez la date de péremption de la levure. La levure étant un organisme vivant, la pâte risque de ne pas lever si elle est trop vieille.*

❋ *Délayez la levure dans l'eau tiède (105°–115° F, 40–45 °C), pas dans l'eau chaude car elle tue la levure.*

❋ *Utilisez le moins de levure possible. Il vaut mieux en mettre moins que trop.*

❋ *Laissez la pâte lever lentement – répétez au moins deux fois.*

❋ *Préparez la pâte la veille et laissez-la lever plus lentement au réfrigérateur.*

❋ *Pour une croûte plus croustillante, préchauffez le four à 450 °F (230 °C), 30 minutes avant la cuisson.*

❋ *Restez simple dans le choix de votre garniture et utilisez des ingrédients frais. L'élément clé de la pizza est la croûte. Quelques minutes avant de garnir la pizza, mélangez les ingrédients qui ont tendance à sécher avec un peu d'huile (c.-à-d. les oignons, les poivrons, les champignons, le prosciutto, etc.)*

❋ *Pour que la confection de la pizza soit plus rapide, coupez, égouttez et préparez tous les ingrédients à l'avance.*

❋ *Répartissez uniformément la garniture pour que chaque bouchée soit également savoureuse.*

❋ *Servez la pizza chaude. La croûte a tendance à ramollir si elle repose trop longtemps après sa sortie du four.*

Pâte à pizza de base — Impasto per Pizza

Tout le monde adore la pizza à la maison… Chaque fois que je demande aux enfants ce qu'ils veulent manger, la pizza est toujours leur premier choix. « Prends ça cool ce soir, mamma ! » me disent-ils. Pour une raison ou une autre, ils croient que je n'ai qu'à rouler la pâte et à la mettre au four ! Une chance que j'aime ces petits garnements ! Quand j'ai le temps, j'essaie de leur faire plaisir.

1 ⅓ tasse (330 ml) d'eau tiède, à environ (105-115 °F) (40-45 °C)
1 c. à thé (5 ml) de levure sèche active
1 c. à thé (5 ml) de sucre
2 c. à soupe (30 ml) d'huile d'olive extra vierge
1 c. à thé (5 ml) de sel
Environ 3 ¾ tasses (935 ml) de farine tout usage non blanchie

❀ Dans une tasse à mesurer, mélanger l'eau, la levure et le sucre. Laisser reposer jusqu'à ce que la levure se dissolve et produise de la mousse (environ 5 minutes). Ajouter l'huile et le sel en remuant. Ajouter 3 tasses (750 ml) de farine dans un grand bol et former un puits Combiner le mélange de levure et mélanger (la pâte sera collante).

❀ Transférer la pâte sur une surface enfarinée et pétrir jusqu'à ce qu'elle devienne lisse et élastique, en ajoutant graduellement le reste de la farine pour empêcher que la pâte ne colle, pendant environ 5 à 8 minutes (vous n'aurez peut-être pas besoin de toute la farine restante). Façonner la pâte en boule, huiler un grand bol, y déposer la pâte et la faire rouler une fois pour enduire sa surface d'huile. Recouvrir le bol d'un film plastique et laisser lever à température de la pièce jusqu'à ce que la pâte ait doublé de volume (de 1 h à 1 h 30).

❀ Une fois la pâte levée, l'aplatir, la façonner en boule et la remettre dans le même bol. Recouvrir d'un film plastique et la laisser de nouveau lever à température de la pièce jusqu'à ce qu'elle ait doublé de volume (environ 45 minutes).

DONNE : 2 CALZONI OU 4 PETITES PIZZAS

Consigli di cucina

Vous pouvez préparer la pâte la veille et la laisser lever plus lentement au réfrigérateur : après le pétrissage, formez une boule et transférez-la dans un bol huilé. Faites rouler la boule de pâte de façon à couvrir sa surface d'huile. Recouvrez le bol d'un film plastique et d'un linge à vaisselle. Laissez la pâte lever au réfrigérateur toute la nuit. Le lendemain, laissez-la tiédir à la température de la pièce et poursuivez la recette. À l'aide d'un rouleau à pâte, abaisser la pâte et la transférer dans le moule. (Je trouve que cette méthode donne toujours une pâte plus croustillante !) Je double habituellement la recette car la pâte se conserve 2 à 3 jours au réfrigérateur et permet de faire une pizza ou un calzone à la dernière minute !

Pizza Bianca
La pizza blanche

Badigeonner la pâte avec de l'ail haché fin et de l'huile d'olive. Saupoudrer avec de l'origan séché, du romarin frais et des anchois hachés finement, du sel et du poivre du moulin. Arroser d'un filet d'huile d'olive.

Pizza Margherita
Tomates semi-séchées avec mozzarella de bufflonne et basilic

Badigeonner la pâte avec de l'ail haché fin et de l'huile d'olive. Recouvrir ensuite de lanières de tomates semi-séchées au soleil (conservées dans l'huile). Saupoudrer d'origan séché, de sel et de poivre du moulin. Verser un filet d'huile d'olive avant d'enfourner.

Environ 5 minutes avant la fin de la cuisson, parsemer de la mozzarella coupée en dés et remettre au four. La pizza est prête lorsque la croûte est croustillante et dorée et que le fromage est fondu.

Arroser ensuite d'un peu d'huile d'olive et répandre quelques feuilles hachées de basilic frais.

Pizza con Carciofi, Pomodori Semi-secchi e Caprino
Artichauts avec tomates semi-séchées et fromage de chèvre

Badigeonner la pâte avec de l'ail haché fin et de l'huile d'olive. Recouvrir ensuite de tranches d'artichauts marinés, préalablement égouttés, et de lanières de tomates semi-séchées. Ajouter du sel et du poivre du moulin au goût. Verser un filet d'huile d'olive avant d'enfourner.

Environ 5 minutes avant la fin de la cuisson, ajouter de minces lanières de jambon (mélangées à un peu d'huile) et parsemer de fromage de chèvre émietté. Remettre au four. La pizza est prête lorsque la croûte est croustillante et dorée. Après la cuisson, arroser d'un peu d'huile d'olive.

Préparation

30 minutes avant d'enfourner, préchauffer le four à 450 °F (230 °C). Aplatir la pâte avec les mains. Rouler la pâte pour obtenir un cercle de la taille de votre plaque (j'utilise une plaque à pizza perforée ronde de 16 pouces (40 cm). Badigeonner la pizza d'un peu d'huile d'olive et saupoudrer de farine de maïs à gros grains. Déposer la pâte sur la plaque à pizza. Garnir la pizza de vos ingrédients favoris. La pizza est prête lorsque le dessous de la croûte est bien doré. Retirer du four et déposer sur une planche à découper. Couper en pointes et servir immédiatement pour éviter que la croûte ne ramollisse.

Consigli di cucina

Dès que je retire la pizza du four, je la saupoudre d'un peu de sel de mer de Maldon (mon préféré) et j'ajoute un filet d'huile d'olive extra vierge AOC, pour faire bonne mesure. Je trouve que le sel de mer croquant et l'huile veloutée s'harmonisent parfaitement !

Pizza Margherita

Calzone con Bietole e Olive

Calzone à la bette à carde et aux olives

Les calzones sont fabuleux servis en entrée, accompagnés d'un verre de vin, et idéals pour les pique-niques à la campagne.

½ recette de pâte à pizza de base (voir p.37)

Pour la garniture :

1 ½ lb (680 g) de bette à carde (on peut la remplacer par des épinards frais)

2 gousses d'ail, dégermées, hachées finement

4 c. à soupe (60 ml) d'huile d'olive extra vierge

¼ lb (110 g) de prosciutto crudo ou de speck, tranché mince

½ tasse (125 ml) de mozzarella fraîche entière, égouttée et coupée en cubes

¾ tasse (185 ml) d'olives noires, dénoyautées et coupées en deux

Sel et poivre du moulin, au goût

Pour préparer la plaque :

2 c. à table (30 ml) d'huile d'olive, pour huiler la plaque

Farine de maïs à gros grains, pour saupoudrer la plaque

Pour badigeonner les calzones :

1 gousse d'ail, dégermée et hachée finement

1 c. à soupe (15 ml) d'huile d'olive extra vierge

½ c. à thé (3 ml) d'origan séché, émietté

¼ c. à thé (1 ml) de piments rouges broyés (facultatif)

2 brins de romarin frais, coupés en morceaux de 1 pouce (2,5 cm)

Consigli di cucina

Vous pouvez cuire les calzones une journée à l'avance. Vous n'avez ensuite qu'à les réchauffer au four, préchauffé à 325 °F (160 °C), pendant 25 minutes. Assurez-vous de les recouvrir avec du papier d'aluminium afin d'empêcher les calzones de brûler.

⊛ Préchauffer le four à 450 °F (230 °C) pendant 30 minutes avant d'enfourner.

⊛ Enlever les queues des bettes à carde ou des épinards et faire tremper les feuilles dans un bol rempli d'eau froide pendant 30 minutes. Laver les feuilles en changeant l'eau plusieurs fois. Amener une marmite d'eau froide à ébullition et ajouter du gros sel, au goût, puis égoutter la bette à carde et la mettre dans la marmite. Cuire à découvert à feu moyen jusqu'à ce qu'elle soit tendre. Égoutter et secouer pour enlever l'excès d'eau. Hacher les légumes verts très finement. Chauffer l'huile à feu très élevé dans une poêle à frire. Ajouter la bette à carde et cuire pendant environ 1 minute. Réduire à feu moyen, ajouter l'ail et les olives. Assaisonner de sel, de poivre et, si désiré, d'une pincée de piments rouges broyés. Bien brasser et retirer du feu. Laisser refroidir.

⊛ Rouler la pâte pour façonner un disque de 16 pouces (40 cm) de diamètre. Placer le mélange de bette à carde dans le milieu de la pâte. Parsemer de mozzarella, puis de prosciutto tranché. Rabattre la pâte, replier légèrement le contour puis pincer la bordure avec les doigts.

⊛ Huiler une plaque à pâtisserie et saupoudrer de farine de maïs à gros grains. Placer le calzone sur la plaque. Badigeonner d'huile et d'ail. Saupoudrer d'origan séché et de flocons de piments rouges broyés, si désiré. Enfoncer les morceaux de romarin dans la bordure à égale distance. Au moyen d'un couteau aiguisé, faire trois entailles diagonales sur le calzone.

⊛ Cuire jusqu'à ce que la croûte devienne croustillante et dorée (35 à 45 minutes). Retirer du four, saupoudrer d'un peu de sel de mer et verser un filet d'huile d'olive extra vierge. Couper en tranches et servir chaud.

DONNE : 6-8 PORTIONS

Focaccia alle Erbe

Focaccia aux fines herbes

Il n'y a rien de meilleur qu'une tranche de focaccia fraîchement sortie du four. À déguster avec un morceau de pecorino, une tranche de prosciutto et, bien sûr, un verre de vin rouge.

Pour la poolish (levain sur levure) :

1 tasse (250 ml) de farine tout usage non blanchie

¼ tasse (65 ml) de semoule de blé

Une pincée de sel

2 c. à thé (10 ml) de levure sèche active

1 tasse (250 ml) d'eau tiède

Pour la pâte :

Environ 3 ½ tasses (875 ml) de farine tout usage non blanchie

¼ tasse (65 ml) de semoule de blé

1 tasse (250 ml) d'eau tiède

4 c. à soupe (60 ml) d'huile d'olive extra vierge

3 c. à soupe (45 ml) de fines herbes fraîches finement hachées (essayez d'utiliser de la sauge, du romarin, de l'origan et du thym)

2 gousses d'ail, pelées et entières

Sel et poivre noir frais moulu

Pour préparer le moule :

2 c. à soupe (30 ml) d'huile d'olive extra vierge

2 c. à soupe (30 ml) de farine de maïs à gros grains

Pour la garniture :

2 c. à soupe (30 ml) d'huile d'olive extra vierge

Sel de mer, au goût

Pour servir :

Huile d'olive extra vierge de première qualité, pour arroser

Consigli di cucina

Vous pouvez préparer la pâte la veille et la laisser lever plus lentement au réfrigérateur (consultez le *consigli di cucina* à la page 37).

Pour préparer la poolish :

❧ Dans un bol de grosseur moyenne, mélanger la tasse de farine tout usage, la semoule de blé et le sel. Former en puits. Délayer la levure dans l'eau tiède et verser le mélange au centre du puits. Utiliser une fourchette pour incorporer la farine. Recouvrir le bol d'un film plastique, puis d'un linge à vaisselle. Laisser reposer dans un endroit tiède de 40 à 60 minutes ou jusqu'à ce que la poolish ait doublé.

Pour préparer la pâte :

❧ Dans une petite poêle, combiner l'huile d'olive, les fines herbes et l'ail. Saler et poivrer. Mijoter à feu doux pendant 5 minutes. Retirer du feu et mettre de côté pour refroidir.

❧ Verser 3 tasses (750 ml) de farine tout usage et toute la semoule de blé dans un grand bol. Saler puis mélanger.

❧ Disposer en fontaine puis placer la poolish avec l'eau et l'huile infusée au centre. Utiliser une fourchette pour combiner les ingrédients puis malaxer avec vos mains, en incorporant peu à peu toute la farine restant sur les côtés du puits.

❧ Pétrir la pâte en la repliant sur elle-même jusqu'à ce que toute la farine soit incorporée et que la pâte soit lisse et élastique. Graisser un moule rond de 14 pouces (35 cm) et le saupoudrer de farine de maïs. Sur une surface légèrement farinée, étirer la pâte à l'aide d'un rouleau à pâte de façon à obtenir un cercle de 14 pouces (35 cm) de diamètre. Rouler ensuite la pâte autour du rouleau et transférer dans le moule. Badigeonner le dessus d'huile et saupoudrer de sel de mer. Recouvrir le moule d'un film plastique puis d'un linge à vaisselle. Laisser reposer environ 1 heure. Préchauffer le four à 400 °F (200 °C). Lorsque la pâte est prête, enlever le film plastique et pratiquer des ouvertures dans la pâte avec vos doigts. Mettre la pâte au four de 35 à 40 minutes, jusqu'à ce qu'elle soit dorée et croustillante. Servir la focaccia chaude avec un filet d'huile d'olive et un soupçon de sel de mer.

Donne : 8-10 portions

Grissini alla Salvia — Grissini à la sauge

Afin que mes enfants ne dévorent pas tous les grissini, je les dissimule au congélateur en espérant qu'ils ne découvriront pas ma cachette ! Les grissini sont parfaits pour la corbeille à pain mais vous pouvez également les enrouler de fines tranches de prosciutto et les servir avec un bol d'olives.

1 ⅓ tasse (335 ml) d'eau tiède, à environ 105-115 °F (40-45 °C)

2 c. à thé (10 ml) de levure sèche active

⅓ tasse (85 ml) d'huile d'olive extra vierge, plus 1 c. à soupe (15 ml) pour le bol

2 c. à thé (10 ml) de sel

2 à 3 c. à soupe (30 à 45 ml) de feuilles de sauge fraîche, hachées finement

Une pincée de piments rouges, (facultatif)

3 ¼ à 3 ½ tasses (810 à 875 ml) de farine tout usage non blanchie, un peu plus pour la surface de travail

Pour rouler les grissini :

6 c. à soupe (90 ml) d'huile d'olive extra vierge, un peu plus pour les plaques à pâtisserie

Farine de maïs à gros grains, pour saupoudrer les plaques à pâtisserie

2 c. à soupe (30 ml) de graines de sésame, pour saupoudrer

Consigli di cucina

Pour rendre les grissini croustillants de nouveau, mettez-les au four, préchauffé à 350 °F (175 °C), pendant 8 à 10 minutes, on n'y verra que du feu !

Variations

Remplacez la sauge par du romarin frais finement haché, du fenouil séché ou des graines de cumin.

❀ Dans une tasse à mesurer, réunir l'eau tiède et la levure. Remuer pour mélanger. Laisser reposer jusqu'à ce que le mélange devienne mousseux (environ 5 minutes). Ajouter l'huile, le sel, la sauge et les piments, si désiré. Mettre 3 tasses (750 ml) de farine dans un grand bol et disposer en fontaine. Combiner à la préparation de levure et remuer pour mélanger (la pâte sera collante !).

❀ Transférer la pâte sur une surface enfarinée et la pétrir jusqu'à obtenir une texture lisse et élastique, en ajoutant graduellement le reste de la farine pour empêcher que la pâte ne colle (pendant 5 à 7 minutes).

❀ Façonner la pâte en boule. La déposer dans grand bol huilé et la faire rouler une fois pour l'enduire d'huile. Recouvrir le bol d'un film plastique et laisser reposer dans un endroit tiède, à l'abri des courants d'air, jusqu'à ce que la pâte ait doublé (environ 1 heure).

❀ Préchauffer le four à 400 °F (200 °C). Déposer la pâte sur une surface légèrement enfarinée. Aplatir la pâte et la couper en 4 morceaux de même taille. Couper l'un des quartiers en 10 morceaux égaux. Envelopper les 3 autres quartiers d'un film plastique et réserver. Huiler 2 plaques à pâtisserie et saupoudrer de farine de maïs. Laisser de côté.

Pour rouler les grissini :

❀ Verser l'huile d'olive dans un petit bol. À l'aide de vos doigts, mettre un peu d'huile dans la paume d'une de vos mains et rouler chaque morceau de façon à former des ficelles de 12 à 14 pouces (30 à 35 cm) de long. Disposer les ficelles sur la plaque à pâtisserie à 1 pouce (2,5 cm) d'intervalle. Badigeonner avec le reste de l'huile et saupoudrer de graines de sésame.

❀ Mettre au four pendant 15 à 17 minutes ou jusqu'à ce que les grissini soient dorés et croustillants. Laisser refroidir avant de les transférer sur une grille. Les grissini se conservent 3 jours dans un contenant hermétique ou 1 mois au congélateur.

DONNE : ENVIRON 40 GRISSINI

Nel Mio Giardino

Dans mon jardin

Une pointe de romarin et une poignée de basilic du jardin ajoutent exactement ce qu'il faut aux plats. La vue des choux qui s'ouvrent lentement et des fraisiers en fleurs que je vois de la fenêtre de ma cuisine sont un régal pour les yeux.

Antipasti

En entrée

Pinzimonio

Le Pinzimonio constitue une excellente façon de déguster les jeunes légumes de saison, mélangés à la saveur brute d'une huile d'olive de qualité. Ce mets est toujours très prisé par les invités !

Légumes coupés (tels que des carottes miniatures, des ciboules, des branches de céleri, des poivrons rouges et jaunes, des artichauts miniatures, des tomates cerise mûres, des endives, de jeunes bulbes de fenouil, des radis, des concombres miniatures ou tout autre légume tendre frais)
Huile d'olive extra vierge de 1re qualité
Sel et poivre du moulin

Pour servir :
Pain de campagne italien frais

❀ Faire tremper les légumes dans l'eau glacée pendant au moins 30 minutes. Bien égoutter et assécher en tapotant juste avant de servir. Disposer les légumes de façon attrayante dans un grand plat de service. Dresser la table en y apportant l'huile d'olive, le sel et le moulin à poivre.

❀ Distribuer un petit bol ou un ramequin à chacun de vos convives en les invitant à assaisonner leur huile comme ils le désirent. Servir les légumes avec le pain croûté.

LA TAILLE DE L'ASSIETTE DÉPEND DE LA QUANTITÉ DE LÉGUMES CHOISIS ET DU NOMBRE D'INVITÉS.

Consigli di cucina

Conseillez aux convives de placer une fourchette inversée sous leur bol ou leur ramequin d'huile. Il se forme un petit bassin d'huile et il devient plus facile d'y tremper les légumes.

Ricotta fresca con Pistacchio e Olive Nere

Ricotta fraîche avec pistaches et olives noires

Ce plat frais et léger me rappelle la saison chaude. Dégustez-le avec un verre de vin blanc bien froid !

2 tasses (500 ml) de ricotta fraîche (essayez de trouver des variétés au lait de chèvre ou de brebis), coupée en lamelles de 1 pouce (2,5 cm)

½ tasse (125 ml) de champignons café, hachés finement

1 petite échalote, pelée et hachée finement

½ tasse (125 ml) de pistaches non salées, décortiquées et hachées finement

½ tasse (125 ml) d'olives noires (Gaeta, Kalamata, niçoises), dénoyautées et coupées en petit dés

⅓ tasse (85 ml) de persil plat frais, haché finement

¼ c. à thé (2 ml) d'origan séché

Une pincée de piment rouge

Le zeste de 1 citron

1 c. à soupe (15 ml) de jus de citron frais

¼ à ⅓ tasse (65-85 ml) d'huile d'olive de très bonne qualité

Sel de mer et poivre du moulin

Pour servir :

Pain italien, tranché en diagonale, légèrement huilé et rôti

Huile d'olive de première qualité, pour arroser

❀ Disposer les tranches de ricotta sur une assiette de service. Dans un bol de grosseur moyenne, réunir le reste des ingrédients ainsi que ¼ tasse (65 ml) d'huile. Mélanger doucement, goûter et ajuster l'assaisonnement. Ajouter un peu plus d'huile, au besoin, jusqu'à l'obtention d'une pâte liquide. Tartiner les tranches de ricotta et arroser d'un filet d'huile d'olive, au goût.

❀ Servir à la température de la pièce avec du pain grillé.

DONNE : 6-8 PORTIONS

Consigli di cucina

Vous pouvez préparer la vinaigrette quelques heures à l'avance. Les saveurs se mélangeront ainsi parfaitement. S'il vous reste de la ricotta, mangez-la avec des pâtes en liant le fromage émietté avec un peu de leur eau de cuisson.

Bresaola con Arugula e Parmigiano

Bresaola, roquette et parmesan

Mon ami Aldo, en Italie, mange religieusement de la bresaola pour conserver sa taille de guêpe !

12 tranches minces de bresaola (filet de bœuf maigre séché)

6 figues fraîches, coupées en deux

½ tasse (125 ml) de copeaux de Parmigiano-Reggiano

2 grosses poignées de feuilles de roquette sauvage, lavées et entières

Huile d'olive de 1ʳᵉ qualité, pour arroser

Poivre noir, frais moulu

Pour servir :

1 citron, coupé en quartiers

❀ Dans un plat de service, disposer les tranches de bresaola en rosettes. Répartir les figues entre celles-ci. Répéter avec la roquette et les copeaux de Parmigiano. Verser un filet d'huile d'olive extra vierge et poivrer généreusement.

❀ Ne pas hésiter à ajouter un peu de jus de citron, au goût.

DONNE : 6 PORTIONS

Consigli di cucina

Vous pouvez remplacer la bresaola par du prosciutto tranché mince. Si les figues sont hors saison, utilisez des poires.

Olive All'Ascolana

Olives vertes farcies

Mon fils Michael adore les olives de toutes les formes et de toutes les couleurs ! Cette recette est l'une de ses préférées... J'ai peine à la préparer parce qu'il mange habituellement toutes les olives avant même que j'aie le temps de les assembler... Je dois donc bien les cacher dans le réfrigérateur. Lorsqu'elles sont prêtes à frire, je n'arrive simplement plus à le contenir, car il engloutit les olives dès qu'elles sortent de l'huile chaude !

40 olives vertes géantes (de préférence, choisissez des olives Ascolane de Marche, des olives Cerignola de Puglia ou des olives Bella di Spagna de Sicile)

Pour la farce :

2 c. à soupe (30 ml) d'huile d'olive

1 c. à soupe (15 ml) de beurre non salé

½ lb (225 g) de veau haché

½ lb (225 g) de porc haché

½ tasse (125 ml) de vin blanc sec

1 c. à soupe (15 ml) de pâte de tomate

½ tasse (125 ml) de mortadelle, hachée finement

2 œufs, légèrement battus

¾ tasse (185 ml) de Parmigiano-Reggiano frais râpé

⅛ c. à thé (1 ml) de muscade fraîche moulue

Le zeste de 1 citron

2 c. à soupe (30 ml) de persil plat frais, haché finement

Sel et poivre du moulin, au goût

2 à 3 c. à soupe (30-45 ml) de chapelure fine, faite maison de préférence

Pour assembler :

3 gros œufs, légèrement battus avec 1 c. à soupe (15 ml) de persil haché finement, du sel et du poivre

1 tasse (250 ml) de farine tout usage non blanchie

1 ½ à 2 tasses (375-500 ml) de chapelure nature fine (faite maison de préférence)

Huile de canola, pour la friture

Pour servir :

2 citrons, coupés en quartiers

Sel de mer au goût

❧ Rincer les olives et les assécher. Si les olives sont trop salées, vous devrez peut-être les blanchir rapidement et les rafraîchir. À l'aide d'un couteau bien aiguisé, détacher la chair d'olive du noyau en une spirale continue (ne vous inquiétez pas si elle se brise, vous pourrez l'arranger lorsque vous farcirez les olives). Mettre de côté.

❧ Dans une grande poêle, chauffer l'huile d'olive et le beurre. Ajouter le veau et le porc hachés, faire revenir pendant 5 minutes. Saler et poivrer. Ajouter la pâte de tomate et verser le vin, augmenter le feu jusqu'à ce que le vin soit évaporé. Fermer le feu. Mettre de côté pour refroidir, puis ajouter en remuant la mortadelle, les œufs, le Parmigiano, la muscade, le zeste de citron et le persil. Saler et poivrer (allez-y doucement avec le sel). Bien mélanger. Ajouter un peu de chapelure pour lier la préparation, au besoin.

❧ Farcir chaque d'olive du mélange, puis les former de nouveau « en olives géantes ». Mettre de côté. Saupoudrer les olives farcies de farine, les enrober d'œufs battus puis les rouler dans la chapelure. Réfrigérer pendant 30 minutes, jusqu'à 1 journée. Dans un grande poêle ou une grande casserole à fond épais, verser 1 ½ à 2 pouces (3 à 4 cm) d'huile de canola. Chauffer l'huile à feu moyen-élevé. Lorsque le thermomètre à friture indique 350 °F (175 °C), ajouter les olives quelques-unes à la fois en veillant à ne pas surcharger la poêle. Faire cuire les olives jusqu'à ce qu'elles soient dorées, puis bien les égoutter sur des essuie-tout. (N'oubliez pas : la température de l'huile baisse lorsqu'elle entre en contact avec les olives, la température doit donc être à 350 °F (175 °C) avant de cuire). Saupoudrer de sel de mer et d'un peu de jus de citron frais avant de servir. À déguster chaudes !

DONNE : 8 À 10 PORTIONS

Consigli di cucina

Dénoyauter des olives demande du temps. Si vous êtes pressés, essayez de trouver des olives vertes géantes dénoyautées. Demandez au commis de l'épicerie de vous les faire goûter avant de les acheter. Recherchez des olives vertes qui sont fermes – évitez celles qui sont molles ou décolorées ! Lorsque vous avez trouvé ce que vous cherchez, faites une entaille dans chaque olive dans le sens de la longueur. Pour les farcir, ouvrez-les (comme si c'était un livre) et remplissez leur cavité de farce. Refermez ensuite chacune d'elles et refaçonnez-les « en forme d'olive » avant des les paner.

Crostini di Finocchio con crema di Carciofi

Crostini au fenouil et à la crème d'artichaut

Lorsque j'étais jeune, ma mère nous servait des tranches de fenouil cru bien frais, qu'elle arrosait d'un filet d'huile d'olive extra vierge et d'un peu de vinaigre de vin rouge. Elle assaisonnait ensuite généreusement les tranches de sel et de poivre frais moulu. Enfants, ma sœur et moi mâchouillions les tiges fibreuses. Ce n'est que plus tard que je découvris que le fenouil peut se cuisiner de mille et une façons ; braisé, rôti, frit ou cru dans une salade ou un pinzimonio. Cette recette offre une variante intéressante au crostini classique à la tomate.

2 bulbes de fenouil de grosseur moyenne, taillés (enlever les feuilles des tiges)
4-6 c. à soupe (60-90 ml) d'huile d'olive extra vierge
Sel de mer et poivre du moulin, au goût

Pour assembler :

12 tranches de baguette légèrement grillées de ¾ pouce (2 cm)
1 pot (4 ½ oz-125 ml) de crème d'artichaut d'épicerie, importée d'Italie de préférence
½ à ¾ tasse (125-185 ml) de copeaux de Parmigiano-Reggiano
1 à 2 c. à soupe (15-30 ml) de vinaigre balsamique de qualité (10 ans d'âge)
2 c. à soupe (30 ml) de feuilles de fenouil, hachées
Huile d'olive extra vierge, pour arroser
Poivre noir du moulin, au goût

❀ Préchauffer le four à 425 °F (220 °C). Couper le fenouil en deux dans le sens de la longueur en laissant le cœur.

❀ Couper les moitiés en tranches de ¼ pouce (0,5 cm). Disposer les tranches de fenouil sur une plaque à pâtisserie en une seule couche. Arroser d'huile d'olive, saler et poivrer. Bien mélanger et cuire pendant 20-25 minutes ou jusqu'à ce que le fenouil soit tendre et caramélisé. Mettre les tranches de pain rôti sur un plat de service. Étaler 1 c. à thé (5 ml) de crème d'artichaut sur chaque tranche (couvrir le reste de la crème d'artichaut d'une mince couche d'huile d'olive avant de la ranger au réfrigérateur). Répartir le fenouil sur les tranches et garnir de copeaux de Parmigiano.

❀ Pour servir, verser un peu de vinaigre balsamique, ajouter quelques feuilles de fenouil et arroser d'un filet de votre meilleure huile d'olive. Déguster immédiatement !

DONNE : 12 PORTIONS

Consigli di cucina

Le reste de la crème d'artichaut peut servir de sauce à spaghetti. Mélangez-la à un peu d'eau de cuisson des pâtes, ajoutez quelques c. à soupe de persil plat et, si désiré, une poignée d'olives noires finement hachées.

Peperoni arrosti, imbottiti con Prosciutto e Mozzarella

Poivrons rôtis farcis au prosciutto et à la mozzarella

Voici une autre recette favorite de mes étudiants de Tavola Mia. Je la sers habituellement comme antipasto, mais également comme dîner léger, accompagnée d'une salade du jardin bien croquante.

6 poivrons à chair et à peau épaisse
   (rouges, jaunes et orange)
6 c. à soupe (90 ml) de pesto au basilic ou
   6 feuilles de basilic frais
6 boules de mozzarella fraîche, coupées en
   tranches de ¼ pouce (0,5 cm)
6 tranches de prosciutto, importé d'Italie
   de préférence, tranché finement
5 à 6 c. à soupe (75-90 ml) d'huile d'olive
   extra vierge (pour huiler le plat de
   cuisson et arroser les poivrons)
Sel de mer au goût

Pour la sauce :

½ tasse (125 ml) d'huile d'olive extra vierge
1 grosse gousse d'ail, hachée
1 c. à soupe (15 ml) de feuilles de basilic
   frais, hachées finement
1 c. à soupe (15 ml) de persil plat frais, les
   feuilles uniquement, hachées finement
1 c. à soupe (15 ml) de câpres, de variété
   « non pareilles », rincées
2 c. à soupe (30 ml) de vinaigre balsamique, importé d'Italie de préférence
Sel de mer et poivre du moulin, au goût

Pour servir :

12 olives noires saumurées comme des
   Gaeta ou des Kalamata, entières
6 feuilles de basilic frais, pour décorer

Consigli di cucina

Rôtis et assemblés, les poivrons se conservent une journée au réfrigérateur. Cuisez-
les lorsqu'ils sont à température pièce.

⊛ La meilleure façon de rôtir des poivrons consiste à les placer à 3 pouces (8 cm) du gril d'un four très chaud (450 °F) (230°C) ou à les faire rôtir sur une grille ou sur la flamme d'une cuisinière au gaz. Surveiller les poivrons durant la cuisson et les retourner souvent au moyen de pinces. La peau doit cloquer, sans brûler. Aussitôt prêts, les retirer et les déposer dans un bol avant de les couvrir d'un film plastique. Laisser refroidir complètement.

⊛ Préchauffer le four à 350 °F (175 °C). Enlever les poivrons du bol. Retirer la peau cloquée et jeter les pépins et les queues. Couper le côté de chaque poivron dans le sens de la longueur et ouvrir cha-cun d'eux. Mettre les poivrons ouverts sur une surface de travail. Étendre 1 c. à soupe (15 ml) de pesto (ou 1 feuille de basilic) dans l'une des moitiés, ajouter une tranche de prosciutto et quelques tranches de mozzarella pour couvrir.

⊛ Replier l'autre moitié de chaque poivron sur la mozzarella pour enfermer la garni-ture. Transférer les poivrons sur un plat de cuisson huilé, arroser du reste de l'huile, saler, poivrer et cuire 10 minutes, ou jusqu'à ce que le fromage ait fondu et qu'il forme des bulles.

⊛ Préparer la sauce pendant ce temps. Dans un petit bol, ajouter tous les ingrédients de la sauce. Bien mélanger et mettre de côté. Au moment de servir, verser la sauce sur les poivrons, ajouter les olives noires ainsi que les feuilles de basilic et terminer par un filet d'huile d'olive extra vierge. Faire passer la corbeille à pain pour éponger la sauce !

DONNE : 6 PORTIONS

Olive Condite al profumo D'Arancia

Olives marinées à saveur d'orange

Cet antipasto rapide à préparer se déguste avec un apéro ou lors de vos pique-niques.

2 tasses (500 ml) d'olives vertes Cerignola de Puglia

1 orange (Navel, Valencia ou sanguine si elles sont de saison), coupée en diagonale puis en quartiers

Le zeste de 1 orange

½ bulbe de fenouil, taillé et coupés en dés de ½ pouce (1 cm)

1 gousse d'ail, émincée

3 brins de romarin frais, en morceaux de 1 pouce (2,5 cm)

1 c. à soupe (15 ml) de graines de fenouil, broyées

5 mini peperoncini, (piments rouges), 1 écrasé avec les doigts, les 4 autres entiers

½ c. à thé (2 ml) d'origan séché

2 c. à soupe (30 ml) de jus de citron

⅓ tasse (85 ml) d'huile d'olive extra vierge

Sel de mer

❀ Dans un bol de grosseur moyenne, combiner tous les ingrédients et bien mélanger. Couvrir et réfrigérer pendant au moins 2 heures. Servir à la température de la pièce.

DONNE : 6 PORTIONS

Consigli di cucina

Vous pouvez préparer cette recette à l'avance, les olives se conservent une semaine dans un bocal en verre. Faites en sorte de bien les couvrir d'huile d'olive. Je place un morceau de papier sulfurisé sur les olives pour conserver leur fraîcheur.

Piatti, piatti, piatti

Peins-moi un plat !

Lorsque je peins, j'ai l'impression de redevenir une petite fille . Cela réveille mon esprit créatif et me permet de me divertir, de rêver, et de jouer avec les couleurs et les formes.

I Primi

Zuppe — Les soupes

Risotto — Le riz

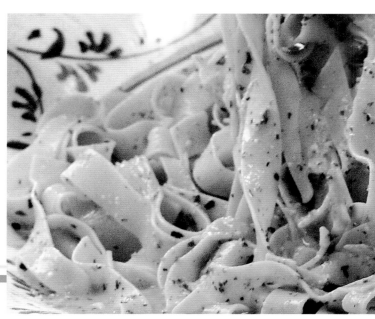

Les pâtes # Pasta

Minestrone Toscano con Farro

Soupe toscane de légumes et d'épeautre

En Toscane, on marie souvent l'épeautre avec les haricots cannellini. J'ai pris la liberté d'ajouter quelques légumes à cette soupe délicieuse, qui, je l'espère, comblera vos parents et amis !

3 tasses (750 ml) de haricots cannellini
    blancs ou de haricots ronds blancs cuits,
    ou ½ tasse (375 ml) de haricots secs
    (les faire cuire avec 1 petit oignon,
    1 gousse d'ail, 1 feuille de laurier et
    1 c. à soupe (15 ml) d'huile d'olive)
¼ tasse (65 ml) d'huile d'olive
2 poireaux, épluchés et tranchés finement
1 gros oignon rouge, pelé et coupé en fins dés
2 carottes, en cubes de ½ pouce (1 cm)
3 branches de céleri avec les feuilles,
    coupées en cubes de ½ pouce (1 cm)
3 gousses d'ail, hachées
2 c. à soupe (30 ml) de thym, haché finement
2 feuilles de laurier
1 c. à thé (5 ml) de curcuma
2 grosses pommes de terre à chair jaune,
    coupées en cubes de ½ pouce (1 cm)
1 boîte de conserve (14 oz ou 398 ml) de
    tomates italiennes en dés avec leur jus ou
    2 tomates fraîches sans le cœur, évidées,
    pelées et coupées en dés
½ petit chou de Savoie sans trognon,
    tranché finement
1 petit morceau de croûte de Parmigiano
    (environ 2 c. à soupe ou 30 ml), coupé en
    petits cubes (facultatif)
½ tasse (125 ml) d'épeautre (amidonnier)
10-12 tasses (2 ½ 1-3 l) de bouillon de
    légumes ou de poulet, dégraissé
2 zucchinis, en cubes de ½ pouce (1 cm)

Pour l'huile infusée :

⅓ tasse (85 ml) d'huile d'olive extra vierge
1 grosse gousse d'ail, pelée et hachée
2 c. à soupe (30 ml) de romarin, haché finement
1-2 peperoncini séchés, broyés
Sel de mer et poivre frais moulu, au goût

Pour servir :

Huile d'olive extra vierge
1 tasse (250 ml) de Parmigiano-Reggiano râpé

❀ Rincer les haricots secs, si utilisés, les mettre dans un grand bol et les couvrir d'au moins 3 pouces (8 cm) d'eau. Laisser tremper pendant 8 heures ou mieux, toute une nuit. Les égoutter dans une passoire, rincer à l'eau froide, mettre dans une casserole et couvrir à nouveau de 3 pouces (8 cm) d'eau. Ajouter le petit oignon, l'ail, la feuille de laurier et l'huile d'olive. Amener à ébullition sur feu moyen, puis baisser le feu et laisser mijoter doucement à découvert pendant 50-60 minutes ou jusqu'à ce que les haricots soient tendres. Saler et poivrer en milieu de cuisson.

❀ Laisser refroidir. Dans une grande casserole, chauffer l'huile à feu moyen. Ajouter les poireaux, les oignons, les carottes, le céleri, l'ail, le thym, le curcuma et les feuilles de laurier. Saler et poivrer. Faire sauter pendant environ 3 à 5 minutes pour les dorer légèrement. Ajouter les pommes de terre, les tomates, le chou, la croûte de Parmigiano et les haricots. Verser assez de bouillon pour couvrir les légumes. Ajouter l'épeautre et laisser mijoter doucement 30-40 minutes. Allonger avec du bouillon, si nécessaire. Lorsque l'épeautre et les légumes sont cuits, ajouter les zucchinis et cuire jusqu'à ce qu'elles soient tendres. Rectifier l'assaisonnement.

❀ Pendant ce temps, chauffer légèrement les ingrédients pour l'infusion d'huile dans une petite casserole. Amener à faible ébullition pendant environ 3 minutes, retirer du feu et mettre de côté. Lorsque la soupe est prête, ajouter l'huile infusée et bien mélanger. Servir dans des bols à soupe préchauffés avec un peu d'huile d'olive, un soupçon de Parmigiano et quelques tranches d'oignon hachées finement, au choix. Bon appétit !

DONNE : 8 PORTIONS GÉNÉREUSES

Au sujet de l'épeautre :

Dans cette soupe, j'ajoute une grosse poignée d'épeautre (ou amidonnier). Si ce féculent vous est inconnu, l'épeautre est un grain primitif au goût de noix et à la texture molle.

Crema di Carote con Arancia e Zenzero

Crème de carottes à l'orange et au gingembre

Dans cette soupe délicieuse, le goût sucré et subtilement terreux des carottes se combine agréablement à l'arôme épicé et exotique du gingembre frais.

2 c. à soupe (30 ml) d'huile d'olive extra vierge

2 c. à soupe (30 ml) de beurre non salé

2 poireaux, avec les parties vert tendre, lavés et tranchés

1 grosse échalote, pelée et coupée en dés

6 grosses carottes, en morceaux égaux

1 grosse pomme de terre à chair jaune, pelée et coupée grossièrement

1 c. à soupe (15 ml) de gingembre pelé, râpé

Sel de mer et poivre du moulin

5-6 tasses (1,25-1,5 l) de bouillon de poulet ou de légumes, complètement dégraissé

Pour assembler :

½ tasse (125 ml) de jus d'orange pressée

Le zeste de 1 orange

1 c. à soupe (15 ml) de ciboulette fraîche, hachée finement

1 orange sanguine, tranchée finement

Menthe fraîche, pour décorer

Huile d'olive extra vierge A.O.C., pour arroser légèrement (facultatif)

❀ Dans une casserole, chauffer l'huile et le beurre à feu moyen. Ajouter les poireaux et l'échalote, faire revenir environ 4-5 minutes. Ajouter les carottes, la pomme de terre et le gingembre, saler et poivrer. Faire sauter les légumes jusqu'à ce qu'ils aient ramolli, environ 5 minutes de plus. Mouiller avec un peu de bouillon, juste assez pour couvrir les légumes. Couvrir à moitié et laisser mijoter environ 25-35 minutes. Retirer du feu.

❀ Au mélangeur ou au robot, réduire la soupe en purée par petites quantités, en laissant un peu de texture et la remettre dans la casserole. Alterner en utilisant un mélangeur à main dans la casserole jusqu'à la consistance désirée. Chauffer de nouveau la soupe à feu moyen et ajouter en remuant le jus d'orange, le zeste et la ciboulette. Rectifier l'assaisonnement. Servir la soupe dans des bols préchauffés et les décorer d'une tranche d'orange et de menthe. Arroser d'un filet d'huile d'olive, si désiré.

DONNE : 6-8 PORTIONS

Consigli di cucina

Au moment d'acheter le gingembre frais, recherchez un rhizome dont la pelure est lisse et lustrée. Utilisez un couteau aiguisé ou un couteau éplucheur pour enlever la pelure avant de le râper à l'aide d'une râpe fine. Recherchez des carottes qui ont leurs feuilles. Des feuilles d'un vert vif qui ne sont pas flétries ou desséchées indiquent que les carottes sont fraîches. Évitez les carottes fendues sur les côtés.

Crema di Finocchi con Aglio arrostito

Crème de fenouil à l'ail rôti

Cette recette est très prisée par mes étudiants. Le fenouil est cuisiné en Italie et dans bien d'autres pays méditerranéens depuis plusieurs siècles. Je suis toujours surprise de constater que beaucoup des étudiants qui fréquentent mon école de cuisine n'ont jamais goûté au fenouil et ne connaissent pas bien cet ingrédient si délicieusement parfumé.

2 bulbes de fenouil, tiges coupées avec les feuilles attachées, taillés

6 c. à soupe (90 ml) d'huile d'olive extra vierge

2 c. à soupe (30 ml) de beurre non salé

1 gros oignon, pelé

1 grosse échalote, pelée

2 grosses pommes de terre à chair jaune

1 tête d'ail, non pelée

2 c. à thé (10 ml) de thym frais, haché finement

1 feuille de laurier

5 tasses (1,25 l) de bouillon de poulet, complètement dégraissé

1 tête d'ail, non pelée

¼ tasse (65 ml) de crème 35 % (facultatif)

Sel de mer et poivre du moulin, au goût

Pour servir :

2-3 c. à soupe (30-45 ml) de feuilles de fenouil hachées finement

6-8 tranches de pain de campagne croûté, légèrement grillées

Huile d'olive extra vierge A.O.C., pour arroser légèrement

❋ Enlever la couche externe du fenouil et mettre les feuilles de côté. Faire tremper les bulbes dans l'eau froide pendant 30 minutes. Sortir de l'eau, assécher et couper chaque bulbe en deux dans le sens de la longueur. Couper 1 morceau de fenouil en tranches très minces, disposer sur une plaque à pâtisserie et arroser de 2 c. à soupe d'huile d'olive (30 ml). Saler, poivrer et mettre de côté. Couper le reste du fenouil en tranches de ½ pouce (1 cm) d'épaisseur. Pendant ce temps, faire tremper les

oignons, les échalotes et les pommes de terre pendant 30 minutes dans l'eau froide. Égoutter puis assécher les pommes de terre et trancher en morceaux de ½ pouce (1 cm). Égoutter, assécher l'oignon et l'échalote puis hacher grossièrement.

❋ Dans une casserole de grandeur moyenne, chauffer 2 c. à soupe d'huile d'olive (30 ml) et le beurre à feu moyen. Ajouter les oignons, l'échalote, le thym et la feuille de laurier. Saler, poivrer et cuire pendant 5-7 minutes, en remuant de temps en temps. Ajouter le fenouil, les pommes de terre et mélanger pendant 1-2 minutes. Couvrir les légumes avec du bouillon. Amener à ébullition puis baisser le feu et laisser mijoter 40-45 minutes.

❋ Entre-temps, préchauffer le four à 400 °F (200 °C). Couper le haut de la tête d'ail et la mettre sur un morceau de papier d'aluminium, arroser des 2 c. à soupe d'huile d'olive et emballer le tout avec le papier d'aluminium. Faire rôtir pendant 35-40 minutes ou jusqu'à ce que l'ail soit tendre. Extraire la pulpe en pressant l'ail avec les doigts et réserver celle-ci avec l'huile.

❋ Faire dorer les tranches de fenouil pendant 10-12 minutes. Mettre de côté. Enlever la feuille de laurier et passer la soupe, la pulpe d'ail et l'huile au moulin à légumes, en utilisant la grille la plus fine. Remettre dans la casserole, rectifier l'assaisonnement, ajouter la crème, si désiré, et laisser mijoter doucement pendant 2-3 minutes. Retirer du feu.

❋ Mettre le pain grillé dans des bols à soupe préchauffés et verser la soupe directement sur le pain.

❋ Décorer chaque portion d'une tranche de fenouil rôti, de feuilles de fenouil et de poivre moulu. Arroser d'un filet d'huile d'olive extra vierge.

DONNE : 6-8 PORTIONS

Consigli di cucina

Évitez d'acheter des fenouils dont le bulbe est noirci, fendu ou marqué de parties humides.
Choisissez les bulbes de couleur crème qui ont toujours leurs tiges et leurs feuilles. N'achetez pas
un fenouil dont les tiges ont été coupées, car il se conservera moins longtemps au réfrigérateur.
On peut ajouter les tiges à des bouillons, des ragoûts ou en farcir un poisson. Finement hachées,
les feuilles décorent à merveille les salades, pâtes et soupes !

Crema di Patate e Porri

Crème de pommes de terre et de poireaux

Si le Parmigiano-Reggiano est le roi des fromages italiens, les poireaux sont les membres d'une famille royale : les liliacées. Je n'en ai jamais assez et je cherche continuellement de nouvelles façons de les cuisiner. Ils sont particulièrement délicieux dans ce potage – sucrés et subtilement terreux !

2 c. à soupe (30 ml) de beurre non salé

2 c. à soupe (30 ml) d'huile d'olive extra vierge

4 poireaux, avec les parties vert tendre, lavés et hachés grossièrement

1 petite échalote, hachée grossièrement

3 pommes de terre à chair jaune, pelées et hachées grossièrement

5 ½-6 tasses (1,33-1,5 l) de bouillon de poulet ou de légumes, fait maison de préférence, complètement dégraissé

1 botte de cresson sans les tiges (facultatif)

Sel de mer et poivre du moulin, au goût

¼ tasse (65 ml) de crème 35 % (facultatif)

Pour décorer :

1 c. à soupe (15 ml) d'huile d'olive extra vierge

1 pomme de terre, coupée en petits dés

2 c. à soupe (30 ml) de ciboulette fraîche, hachée finement

Sel de mer et poivre du moulin, au goût

DONNE : 6 PORTIONS

❧ Dans une grande casserole, chauffer l'huile et le beurre à feu moyen. Ajouter les poireaux et l'échalote et faire sauter jusqu'à tendreté, pendant 4-5 minutes. Ajouter les pommes de terre et continuer à cuire en brassant de temps en temps jusqu'à ce qu'elles aient légèrement ramolli (8-10 minutes). Ajouter du bouillon pour couvrir les légumes – ne pas mettre tout le bouillon pour éviter que la soupe ne soit trop claire. Amener à ébullition à feu moyen-doux et cuire jusqu'à ce que les légumes soient tendres (20 minutes). Rectifier l'assaisonnement. Ajouter le cresson (facultatif) et le faire suer pendant environ 2 minutes. À l'aide d'un moulin à légumes, en utilisant la grille la plus fine, réduire la soupe en purée et verser dans la casserole. Alterner en utilisant un mélangeur à main directement dans la casserole pour obtenir un mélange homogène. Si la soupe est trop épaisse, ajouter davantage de bouillon. Ajouter de la crème, si désiré, et rectifier l'assaisonnement, au goût.

❧ Pendant ce temps, chauffer l'huile dans une poêle à frire et y faire sauter les pommes de terre jusqu'à ce qu'elles soient dorées. Saler et poivrer. Verser la soupe dans des bols réchauffés et décorer de pommes de terre en dés et de ciboulette. Servir immédiatement avec des tranches de pain aux oignons ou de fougasse chaude.

Consigli di cucina

Il est important de bien laver les poireaux, car on retrouve souvent des grains de sable ou de la terre entre leurs feuilles. Pour les nettoyer, coupez la partie vert foncé de la tige en laissant la partie vert pâle attachée à la partie blanche. Tranchez les racines fibreuses exactement où elles rejoignent la base de la partie blanche. Coupez les poireaux en deux sur la longueur et rincer sous le robinet d'eau froide, la partie interne vers le haut. Ouvrez et séparez les feuilles avec vos doigts et frottez chaque couche pour enlever les saletés.

Consigli per Risotto

Réussir votre risotto

* Utilisez toujours un riz italien à grain court, tel l'Arborio, le Vialone-Nano ou le Carnaroli.

* Ne rincez jamais le riz pour le risotto, vous élimineriez ainsi l'indispensable amidon.

* Toujours cuire le risotto sans couvercle à feu moyen.

* Gardez le bouillon au chaud à feu doux pour ne pas interrompre la cuisson à chaque ajout de bouillon.

* Il est impossible de prévoir la quantité exacte de bouillon nécessaire pour faire le risotto. Assurez-vous de toujours avoir un surplus de bouillon sous la main.

* N'ajoutez pas trop de liquide en même temps ($1/2$ tasse ou 125 ml à la fois). Ajoutez du bouillon uniquement lorsque la quantité précédente est absorbée.

* Il est très important que le riz ne colle pas et ne brûle pas. Continuez de remuer pendant tout le processus de cuisson.

* La durée moyenne de cuisson du risotto est de 18 à 22 minutes.

* À la fin de la cuisson, retirez du feu, couvrez et laissez reposer pendant 2 minutes avant de servir.

* Servez toujours le risotto immédiatement après la fin de la cuisson dans des assiettes préchauffées.

Risotto aux champignons

Risotto con Funghi

Lors d'un voyage en Australie, mon mari a mangé un risotto aux champignons servi avec une fine tranche de fromage Taleggio et l'a trouvé si délicieux que je m'en suis inspiré. Il avait raison – ce fromage crémeux fabriqué dans le nord de la Lombardie accompagne à merveille ce plat aux champignons.

6 tasses (1,5 l) de bouillon de légumes, fait maison de préférence (voir p. 30)

4 c. à soupe (60 ml) de beurre non salé

2 gousses d'ail, pelées et hachées finement

3 échalotes, pelées et hachées finement

2 tasses (500 ml) de champignons variés (chanterelles, shiitakes, portobellos et champignons café), pieds enlevés et mis de côté pour le bouillon

½ tasse (125 ml) de vin blanc sec

2 tasses (500 ml) de riz italien à grain moyen importé (Arborio, Vialone-Nano ou Carnaroli)

1 c. à soupe (15 ml) de persil plat, haché finement

1 c. à soupe (15 ml) de romarin frais, haché finement

¾ tasse (190 ml) de Parmigiano-Reggiano, frais râpé (un peu plus pour saupoudrer)

1 c. à soupe (15 ml) de pâte de truffe (facultatif)

Sel de mer et poivre du moulin, au goût

6 tranches minces de fromage Taleggio (facultatif)

❀ Réchauffer le bouillon dans une casserole et le laisser mijoter à feu doux. Faire fondre 2 c. à soupe de beurre (30 ml) dans une poêle à fond épais sur feu moyen. Lorsque le beurre mousse, ajouter l'ail, les échalotes et les champignons et cuire de 1 à 2 minutes sans les faire brûler. Ajouter le riz en remuant pour bien l'enrober de beurre. Ajouter le vin et remuer jusqu'à ce qu'il soit évaporé. Assaisonner de sel et de poivre frais moulu. Ajouter une louche de bouillon chaud en remuant constamment jusqu'à ce que le riz ait absorbé une bonne partie du bouillon. Répéter, en ajoutant du bouillon, une louche à la fois, sans cesser de mélanger jusqu'à ce que le riz soit tendre, tout en restant *al dente*, soit de 18 à 20 minutes.

❀ Lorsque la dernière louche de bouillon est presque toute absorbée, ajouter le persil, le romarin, le reste du beurre, la pâte de truffe, si désiré, et le Parmigiano-Reggiano. Retirer du feu et mélanger vigoureusement jusqu'à ce que le beurre et le fromage aient fondu et que le riz soit d'une consistance crémeuse et onctueuse. Couvrir et laisser reposer pendant 2 minutes. Servir dans des assiettes préchauffées et garnir d'une fine tranche de fromage Taleggio, si désiré, ou d'un peu de Parmigiano.

Donne : 4 à 6 portions

Consigli di cucina

Les champignons café ressemblent aux champignons de Paris blancs à la différence qu'ils sont bruns et que leur saveur est beaucoup plus prononcée. De plus, lorsque ces champignons grossissent et que leur chapeau se déploie, ils deviennent des portobellos ! Conservez les pieds et ajoutez-les à votre bouillon de légumes.

Risotto con Sugo di Pomodoro, Salsiccia e Funghi

Risotto à la sauce tomate, aux saucisses et aux champignons

Comme ma mère est native des Abruzzes, le risotto n'est pas un plat avec lequel j'ai grandi. J'en dois la découverte à ma belle-mère Angelica, originaire de Trieste. Le risotto est à la base de l'alimentation des Italiens du nord où la plupart du riz consommé en Italie est récolté. Bien que nous mangions plusieurs sortes de risottos à la maison, celui-ci demeure le préféré, car tous y trouvent leur compte : des féculents pour Michael, de la mozzarella fraîche pour Ilana et de la sauce tomate pour Luca.

Pour la sauce :

½ tasse (125 ml) d'huile d'olive
(plus 1 c. à soupe (15 ml) pour les champignons)

1 petit oignon, haché finement

3 gousses d'ail, hachées finement (2 pour la sauce et 1 pour les champignons)

1 carotte moyenne, pelée et hachée finement

2 saucisses italiennes (douces ou épicées) sans les boyaux, émiettées

1-2 petit peperoncini sec (piment rouge), broyé (facultatif)

⅓ tasse (85 ml) de vin de Marsala sec (on peut aussi le remplacer par du xérès sec)

1 feuille de laurier

2 boîtes (28 oz ou 796 ml) de tomates italiennes, importées d'Italie de préférence (passées au moulin avec la grille la plus fine)

1 c. à soupe (15 ml) de pâte de tomate

Sel de mer et poivre du moulin, au goût

2 tasses de champignons café, pieds enlevés, chapeaux tranchés

1 c. à soupe (15 ml) de persil plat, haché finement

2 branches de basilic frais

Pour le risotto :

6 tasses (1,5 l) de bouillon de poulet, complètement dégraissé

4 c. à soupe (60 ml) de beurre non salé

2 tasses (500 ml) de riz italien importé, comme l'Arborio ou le Vialone-Nano
Sel de mer et poivre noir du moulin, au goût

½ tasse (125 ml) de mozzarella fraîche, coupée en dés

¾ tasse (190 ml) de Parmigiano-Reggiano, frais râpé

½ tasse (125 ml) de basilic, ciselé finement

3 ½-4 tasses (875 ml-1 l) de sauce tomate, aux saucisses et aux champignons (voir ci-dessous)

La sauce :

❀ Dans une grande casserole, chauffer ½ tasse (125 ml) d'huile d'olive, et ajouter l'oignon, l'ail et la carotte. Faire revenir à feu moyen jusqu'à tendreté, pendant 4 à 5 minutes. Ajouter les saucisses et les peperoncini, si désiré. Lorsque les saucisses ont pris une teinte dorée, ajouter le vin et la feuille de laurier et continuer à remuer jusqu'à ce que le vin se soit évaporé. Ajouter les tomates et la pâte de tomate. Saler et poivrer. Baisser le feu et laisser mijoter à faible ébullition.

❀ Entre-temps, chauffer 1 c. à soupe d'huile, ajouter les champignons et les faire revenir à feu élevé jusqu'à ce que tout leur liquide se soit évaporé et qu'ils soient dorés. Ajouter le reste de l'ail

et le persil. Saler, poivrer et remuer pour bien enrober les champignons. Ajouter les champignons à la sauce tomate et laisser mijoter à découvert pendant 60 à 90 minutes. Cinq minutes avant la fin de la cuisson, incorporer le basilic frais.

Risotto :

❀ Réchauffer le bouillon dans une casserole de grandeur moyenne et laisser mijoter à feu doux. Faire fondre 3 c. à soupe (45 ml) de beurre dans une grande poêle à fond épais sur feu moyen. Lorsque le beurre mousse, ajouter le riz en remuant et bien l'enrober de beurre. Saler et poivrer. Ajouter une louche de bouillon chaud en remuant jusqu'à ce que le riz ait absorbé une bonne partie du bouillon, puis ajouter une demi-louche de sauce tomate. Répéter en ajoutant du bouillon et de la sauce, en remuant constamment

jusqu'à ce que le riz soit tendre, mais *al dente*, soit de 18 à 22 minutes. Incorporer la mozzarella. Retirer du feu, ajouter le beurre qui reste et ½ tasse (125 ml) de Parmigiano. Couvrir et laisser reposer pendant 2 minutes. Assaisonner au goût. Servir immédiatement dans des assiettes préchauffées, garnir de sauce, de basilic et d'un peu de Parmigiano, si désiré.

Donne : 4-6 portions

Consigli di cucina

Vous pouvez réfrigérer la sauce restante et la consommer dans les 2 jours ou la congeler pour la conserver jusqu'à 1 mois.

Consigli per Pasta
Réussir vos pâtes

❀ Commencez toujours avec des pâtes sèches de la meilleure qualité. Barilla, Del Verde et De Cecco comptent parmi les marques de pâtes industrielles que l'on retrouve sur le marché. Les pâtes sèches de qualité sont fabriquées avec de la farine de blé dur et de l'eau. La farine de blé dur a une haute teneur en gluten, ce qui confère aux pâtes leur texture ferme et leur consistance. Assurez-vous de vous offrir des pâtes sèches artisanales de temps en temps. Recherchez Latini et Rustichella d'Abruzzo ; deux marques exceptionnelles à découvrir. La qualité a un prix, mais elle vaut le coût !

❀ Assurez-vous d'utiliser une grosse marmite avec beaucoup d'eau, de 20 à 24 tasses (5-6 l) pour 1 lb (454 g) de pâtes. Cela peut sembler excessif, mais les pâtes ont besoin de beaucoup d'eau lors de la cuisson pour diluer l'amidon.

❀ Salez l'eau avant d'ajouter les pâtes. Utilisez 3-3 $\frac{1}{2}$ c. à soupe environ (45-50 ml) de sel pour 24 tasses (6 l) d'eau.

❀ N'ajoutez jamais d'huile à l'eau, elle rend les pâtes glissantes et les empêche de bien absorber la sauce.

❀ Ne les faites jamais trop cuire. Les pâtes devraient toujours être cuites « al dente », autrement dit fermes sous la dent. Lisez le mode de cuisson sur l'emballage, mais n'oubliez pas de surveiller les pâtes pendant la cuisson. Quelques minutes suffisent pour trop les cuire.

❀ Les pâtes fraîches devraient être cuites dès leur sortie du congélateur, ne pas les laisser dégeler !

❀ Gardez 1 tasse (250 ml) d'eau de cuisson avant d'égoutter les pâtes. Si la sauce est trop épaisse, vous pouvez ajouter un peu de cette eau chaude pour l'éclaircir.

❀ Égouttez les pâtes aussitôt cuites, mais sans trop les égoutter.

❀ Ne rincez jamais les pâtes ; l'amidon qui s'y dépose préserve le goût et la texture.

❀ Nappez les pâtes de sauce aussitôt égouttées. On doit bien mélanger les pâtes à la sauce pour que celle-ci y adhère bien.

❀ Servez les pâtes dès qu'elles sont prêtes. Pour les garder chaudes, préchauffez vos bols de service.

❀ Utilisez toujours des ingrédients de première qualité.

Linguine con Salsa di Tonno piccante

Linguines à la sauce au thon blanc épicée

Je prépare ce plat les dimanches soirs lorsque, me sentant paresseuse, je veux bien manger, sans travailler d'arrache-pied après une longue semaine à donner des cours de cuisine. Votre garde-manger devra être bien rempli !

¼ tasse (65 ml) d'huile d'olive extra vierge

3 c. à soupe (45 ml) de beurre non salé

1 petit oignon, haché grossièrement

3 filets d'anchois, au sel de préférence, découpés en filets et hachés

2 gousses d'ail, hachées finement

1 boîte (7 oz ou 220 ml) de thon conservé dans l'huile d'olive, égoutté et émietté

½ tasse (125 ml) de vin blanc sec

2 c. à soupe (30 ml) de tomates semi-séchées, hachées grossièrement

1 c. à soupe (15 ml) de câpres, rincées

1 piment rouge frais, tranché finement ou ½ c. à thé (2 ½ ml) de flocons de piment

Sel de mer et poivre noir du moulin, au goût

2 c. à soupe (30 ml) de persil plat frais, haché finement

1 lb (454 g) de linguine séchés, importés d'Italie de préférence

Gros sel de mer, pour l'eau des pâtes

❀ Sur feu moyen, chauffer l'huile et 2 c. à soupe (30 ml) de beurre dans une grande poêle. Y attendrir l'oignon et cuire en remuant jusqu'à ce qu'il soit légèrement doré, 3 à 4 minutes. Ajouter les anchois ainsi que l'ail et faire revenir 1 minute. Ajouter le thon et mélanger. Ajouter le vin et laisser réduire. Ajouter les tomates, les câpres, les piments, saler et poivrer. Incorporer le beurre restant à la sauce et éteindre le feu.

❀ Dans une grande casserole, porter 24 tasses (6 l) d'eau à ébullition. Ajouter 3 c. à soupe (45 ml) de gros sel et y déposer les pâtes. Cuire en remuant souvent, jusqu'à ce qu'elles soient *al dente*. Réserver 1 tasse (250 ml) d'eau de cuisson, puis égoutter les pâtes. Réunir les pâtes et la sauce au thon et mélanger. Si les pâtes semblent sèches, verser un peu d'eau de cuisson, ¼ tasse (65 ml) à la fois, et brasser. Rectifier l'assaisonnement, décorer de persil et servir immédiatement dans des plats préchauffés.

DONNE : 6 PORTIONS

Consigli di cucina

Recherchez des anchois au sel, qui ont habituellement leurs arêtes. Retirez celles-ci avec un petit couteau, rincez les anchois à l'eau fraîche et asséchez-les avec des essuie-tout. Je vous garantis que ça vaut le temps de préparation supplémentaire.

Farfalle con Broccoli, Gamberi e Peperoncino

Farfalles au brocoli, aux crevettes et aux piments

Ce met coloré et savoureux est populaire auprès des mes amis et de mes étudiants. Je n'aime habituellement pas les pâtes froides mais certains de mes étudiants m'ont confié que ce plat est délicieux en salade de pâtes !

⅓ tasse (85 ml) d'huile d'olive extra vierge

2 petits bouquets de brocoli

2 gousses d'ail, tranchées finement

1 piment rouge frais, tranché finement, ou une pincée de flocons de piment rouge

1 lb (454 g) de crevettes de grosseur moyenne, décortiquées et déveinées

1 c. à soupe (15 ml) de persil plat frais, haché finement

1 c. à soupe (15 ml) de feuilles de laurier fraîches, ciselées finement

2 c. à soupe (30 ml) de beurre non salé froid, coupé en dés

Sel de mer et poivre du moulin, au goût

1 lb (454 g) de farfalles sèches, importées d'Italie de préférence

Gros sel de mer, pour l'eau des pâtes

Consigli di cucina

Vous pouvez cuire le brocoli à l'avance : rincez un linge à vaisselle propre sous le robinet d'eau froide, essorez l'excédent d'eau et étendez-le sur une plaque à pâtisserie. Préparez le brocoli tel que décrit ci-dessus – laver, peler, rafraîchir. Placez ensuite le brocoli sur la plaque à pâtisserie recouverte du linge à vaisselle, couvrir d'un film plastique et réfrigérer quelques heures.

❃ Laver le brocoli, enlever et jeter les parties dures des tiges, et les séparer en fleurettes. Peler les tiges et les trancher finement. Dans une grande casserole, amener 24 tasses (6 l) d'eau à ébullition. Ajouter 3 c. à soupe (45 ml) de gros sel, puis les fleurettes de brocoli et les tiges. Cuire à découvert jusqu'à ce qu'elles soient tendres mais croquantes. Avec une cuillère à rainures, enlever rapidement le brocoli et le rincer sous l'eau froide. Laisser de côté. Réserver l'eau de cuisson, vos pâtes cuiront ainsi dans une eau contenant les nutriments du brocoli. Chauffer l'huile dans une grande poêle à feu moyen-élevé. Ajouter le brocoli, l'ail, le piment rouge et environ ¼ tasse (65 ml) d'eau de cuisson. Bien remuer et cuire pendant 2-3 minutes. Ajouter les crevettes et cuire jusqu'à ce qu'elles soient légèrement dorées, 2-3 minutes. Saler et poivrer. Éteindre le feu.

❃ Pendant ce temps, amener de nouveau à ébullition l'eau de cuisson réservée. Ajouter les pâtes et cuire jusqu'à ce qu'elles soient *al dente*, en remuant de temps à autre. Réserver 1 tasse d'eau (250 ml) de cuisson. Égoutter les pâtes et transférer dans la poêle, bien mélanger avec la sauce et 2 c. à soupe de beurre. Si les pâtes semblent sèches, ajouter un peu de l'eau de cuisson réservée, ¼ de tasse (65 ml) à la fois. Ajouter les fines herbes hachées et mélanger de nouveau. Servir immédiatement dans des assiettes préchauffées.

DONNE : 4 À 6 PORTIONS

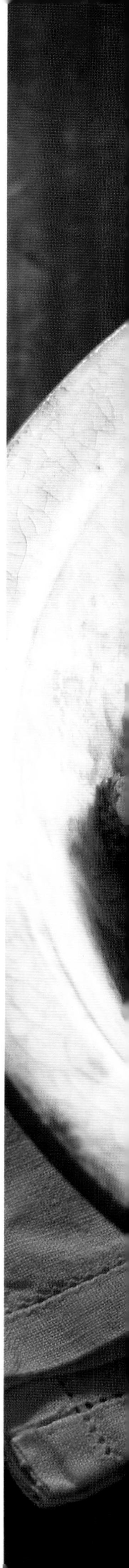

Spaghetti con Pomodori freschi, Basilico e Mozzarella

Spaghettis aux tomates fraîches, au basilic et à la mozzarella

Ma fille Ilana rafole de ce plat – cela n'est pas surprenant puisque la mozzarella et les tomates sont deux des ses ingrédients favoris. Elle le trouve aussi facile à cuisiner pour ses frères lorsque je ne suis pas à la maison ; il se prépare en moins de 30 minutes et laisse très peu de nettoyage à faire à la cuisine !

5-6 tomates fraîches, mûres et juteuses, évidées et coupées en petits cubes

1 tasse (250 ml) de mozzarella fraîche (je préfère la mozzarella di bufala, faite de lait de buflonne), coupée en petits cubes

¾ tasse (190 ml) d'huile d'olive extra vierge

2 gousses d'ail, hachées

¾ tasse (190 ml) de feuilles de basilic frais (laisser les petites feuilles entières ; si les feuilles sont trop grosses, les couper)

Sel de mer et poivre du moulin

1 piment rouge frais, tranché finement ou une pincée de flocons de piment, au goût

1 lb (454 g) de spaghettis, importés d'Italie de préférence

Gros sel de mer, pour l'eau des pâtes

❀ Dans un grand bol, combiner les tomates, la mozzarella, l'ail, l'huile et le basilic. Saler et poivrer généreusement. Ajouter le piment rouge, si désiré, et laisser reposer pendant 20-30 minutes. Entre-temps, amener 24 tasses (6 l) d'eau à ébullition. Ajouter 3 c. à soupe de gros sel de mer et mettre les pâtes. Laisser cuire en remuant souvent jusqu'à ce qu'elles soient *al dente*. Réserver 1 tasse (250 ml) d'eau de cuisson. Égoutter les pâtes, remettre dans la casserole et ajouter la sauce avant de bien mélanger. Si les pâtes semblent sèches, ajouter un peu de l'eau de cuisson, ¼ tasse (65 ml) à la fois. Mélanger de nouveau. Servir immédiatement dans des assiettes préchauffées.

DONNE : 4 À 6 PORTIONS

Consigli di cucina

Lorsqu'elles sont de saison, procurez-vous des tomates de variétés, couleurs et grosseurs différentes. Elles rehausseront votre plat. Recherchez également de la mozzarella de bufflonne (*di bufala*). Ce fromage a une texture sublime – crémeuse, molle et veloutée. De grâce, ne choisissez pas la mozzarella commerciale emballée sous vide – elle est sèche, caoutchouteuse et dure comme une balle. Achetez plutôt une mozzarella de lait de vache appelée *fior di latte*. Bien qu'elle soit moins riche que la mozzarella de bufflonne, elle est très agréable au goût et on la retrouve dans les boutiques spécialisées.

Tagliatelle con Salsa alle Noci

Tagliatelles à la sauce aux noix

L'ensemble des ingrédients de cette recette sont la clé de ce met simple et exquis. En utilisant des produits frais et de première qualité, vous charmerez à coup sûr vos invités !

1 tasse (250 ml) de noix, décortiquées, légèrement rôties au four et refroidies

8-10 brins de persil plat frais, les feuilles seulement

1 gousse d'ail, hachée finement

2 c. à soupe (30 ml) de beurre non salé, ramolli

½ tasse (125 ml) d'huile d'olive extra vierge

½ tasse (125 ml) de crème 35 %

⅓ tasse (85 ml) de Parmigiano-Reggiano frais râpé

Sel de mer et poivre du moulin, au goût

1 lb (454 g) de tagliatelles aux œufs (ou de fettucines) sèches, importées d'Italie de préférence

Gros sel de mer, pour l'eau des pâtes

❧ Combiner les noix, le persil, l'ail et passer au robot culinaire jusqu'à ce qu'ils soient hachés finement. Ajouter le beurre et bien mélanger par impulsions. En gardant le robot toujours en marche, verser un filet continu d'huile d'olive. Ajouter la crème et pulvériser en une sauce lisse. Vider dans un bol et ajouter le fromage en remuant. Saler, poivrer et mettre de côté.

❧ Dans une grande casserole, amener 24 tasses (6 l) d'eau à ébullition. Saler l'eau avec 3 c. à table (45 ml) de gros sel de mer et mettre les pâtes. Laisser cuire en remuant souvent jusqu'à ce qu'elles soient *al dente*. Réserver 1 tasse d'eau (250 ml) de cuisson, puis égoutter les pâtes. Ajouter la sauce avant de bien mélanger. Si les pâtes semblent sèches, ajouter un peu de l'eau de cuisson, ¼ tasse (65 ml) à la fois. Mélanger de nouveau. Servir immédiatement dans des assiettes préchauffées. Faire passer le moulin à poivre entre les convives.

Donne : 6 portions

Consigli di cucina

N'utilisez que des noix fraîches dans cette recette. Achetez-les dans une épicerie digne de confiance, car des noix rances peuvent facilement gâcher les plats. Je garde quelques noix fraîches au congélateur dans des sacs de congélation fermés hermétiquement afin de toujours en avoir sous la main.

Lasagne di Funghi con Besciamella al Tartufo

Lasagne aux champignons, sauce béchamel aux truffes

Cette lasagne plaît énormément aux groupes et change de la classique aux tomates et mozzarella.

Pour la garniture de champignons :

3 c. à soupe (45 ml) d'huile d'olive extra vierge

2 c. à soupe (30 ml) de beurre non salé

3 échalotes, pelées et tranchées finement

2 poireaux, les parties blanche et vert pâle seulement, lavés et tranchés finement

1 gousse d'ail, hachée finement

10 tasses (2,5 l) de champignons mélangés tranchés – utilisez des portobellos, des champignons café, des pleurotes en huître, des shiitakes, les pieds enlevés

½ tasse (125 ml) de vin blanc sec

1 oz (30 g) de cèpes secs, réhydratés dans 3 tasses (750 ml) d'eau chaude

2 c. à soupe (30 ml) de persil plat frais, haché finement

Sel de mer et poivre blanc du moulin

Pour la béchamel :

3 tasses (750 ml) de lait

3 tasses (750 ml) de bouillon de légumes ou de poulet complètement dégraissé

6 c. à soupe (90 ml) de beurre non salé

3 c. à soupe (45 ml) de farine tout usage non blanchie

3 c. à soupe (45 ml) de farine de truffe

Sel de mer et poivre blanc du moulin

Pour monter la lasagne :

1 lb (454 g) de pâtes à lasagne aux œufs sèches

4 ½ à 5 tasses (1-1,25 l) de Parmigiano-Reggiano frais râpé

5 c. à thé (25 ml) de tranches de truffes en pot

2 c. à soupe (30 ml) de beurre non salé, froid et coupé en dés

1 tasse (250 ml) de fromage Taleggio sans la croûte, tranché

Pour la poêle :

2 c. à soupe (30 ml) de beurre non salé

Équipement requis :

Plat à rôtir de 15 x 11 pouces (38 x 28 cm) – essayez les plats en grès Le Creuset

❀ Préchauffer le four à 400 °F (200 °C). Beurrer généreusement le plat de cuisson et mettre de côté.

Préparer la garniture de champignons :

❀ Chauffer une grande poêle, ajouter l'huile et le beurre, les échalotes, les poireaux, l'ail et le sel. Cuire à feu moyen-élevé en brassant de temps en temps, jusqu'à ce que les oignons ramollissent et soient légèrement dorés. Ajouter les champignons en remuant souvent jusqu'à ce qu'ils soient tendres et que leur eau s'évapore. Ajouter le vin et laisser cuire jusqu'à réduction complète. (S'assurer que les champignons sont humides mais qu'ils ne baignent pas dans du liquide.) Ajouter les cèpes réhydratés (en réservant un peu de leur jus) et le persil. Saler et poivrer.

Faire la béchamel :

❀ Combiner le lait et le bouillon dans un grand bol à mélanger. Faire fondre le beurre à feu moyen dans une poêle à fond épais de grandeur moyenne. Ajouter la farine régulière et la farine de truffe en remuant sans arrêt avec une cuillère de bois pendant environ 2 minutes sans laisser la farine roussir. Ajouter le lait et le bouillon au mélange de beurre et de farine, en fouettant continuellement pour empêcher l'apparition de grumeaux. Assaisonner de sel et de poivre blanc. Laisser cuire jusqu'à ce que la sauce ait une consistance liquide, lisse et veloutée (si la sauce est trop épaisse, ajouter du lait). Utiliser immédiatement avant qu'une pellicule ne se forme.

Monter la lasagne :

⊛ Verser une fine couche de béchamel dans le plat de cuisson. Ajouter une couche de pâtes de lasagne pour couvrir. Ajouter une autre couche de béchamel et étendre un cinquième de la garniture de champignons, suivi d'une bonne poignée de Parmigiano et de 1 c. à thé (5 ml) de tranches de truffes. Répéter jusqu'à ce qu'il n'y ait plus d'ingrédients. (Il vous restera peut-être des pâtes.) Terminer par une fine couche de béchamel et de fromage, parsemer de beurre froid puis ajouter les tranches de Taleggio. Finalement, ajouter un peu de liquide de cèpes autour du plat. Couvrir de papier d'aluminium et faire cuire pendant environ 35 minutes. Enlever le papier, presser sur les couches de la lasagne avec une spatule et cuire

jusqu'à ce que tout le liquide soit absorbé et que la croûte soit dorée (15-20 minutes). Laisser reposer la lasagne pendant 10 minutes avant de servir.

DONNE : 8-10 PORTIONS

Consigli di cucina

Vous pouvez monter la lasagne la veille de la cuisson. Ayez seulement un peu de bouillon sous la main, à ajouter si la lasagne devient sèche.

I Secondi

Pesce   Le poisson

La viande Carne

Salmone in cartoccio

Agrémentés d'une garniture à la tomate et aux poivrons rôtis, ces filets de saumon se préparent en un tournemain et offrent un repas agréable et léger pour une chaude journée d'été.

6 filets de saumon sans la peau, d'environ
  5 oz (150 g) chacun
2 tasses (500 ml) de tomates cerises
  (rouges, jaunes ou oranges), épépinées et
  coupées et quartiers
2 poivrons (rouges ou jaunes), pelés, rôtis
  et coupés en dés
2 échalotes, hachées finement
2 gousses d'ail, hachées finement
1 c. à thé (5 ml) d'origan séché
Le zeste d'un citron
3 c. à soupe (45 ml) de jus de citron frais
⅓ tasse (85 ml) d'huile d'olive extra vierge,
  un peu plus pour huiler le papier
Sel de mer et poivre noir du moulin, au goût
Une poignée de feuilles de basilic frais,
  déchiquetées à la main

Consigli di cucina

Pour permettre aux saveurs de bien se développer, préparez la sauce aux tomates une heure à l'avance. Ajoutez toutefois le jus de citron et le sel juste avant de préparer le papillotes pour empêcher que les tomates ne ramollissent.

❀ Préchauffer le four à 400 ºF (200 ºC). Dans un bol de grandeur moyenne, mélanger les tomates, les poivrons, les échalotes, l'ail, l'origan, le zeste, le jus de citron et l'huile. Assaisonner généreusement de sel et de poivre, bien remuer. Couper 6 feuilles de papier d'aluminium et 6 feuilles de papier sulfurisé, de 16 x 14 pouces (40 x 35 cm).

Faire les papillotes :

❀ Placer une feuille de papier d'aluminium sous une autre de papier sulfurisé. Les plier en deux, ouvrir, puis badigeonner un des côtés d'huile d'olive. Déposer un filet sur le côté huilé et coiffer d'un sixième du mélange de tomates. Saupoudrer d'un peu de feuilles de basilic. Plier les feuilles pour envelopper le poisson. Bien refermer chaque papillote en repliant plusieurs fois les bords et en tenant le papier serré.

Cuire le poisson :

❀ Transférer les papillotes sur une plaque à pâtisserie, cuire jusqu'à ce que le poisson soit entièrement opaque, pendant environ 12-14 minutes, selon l'épaisseur du filet. Pour vérifier la cuisson, déballer une papillote et piquer le filet avec un couteau : le poisson est prêt si la chair s'effrite. Déposer les papillotes dans des plats individuels préchauffés et laisser les invités les ouvrir eux-mêmes afin d'en libérer l'arôme. Servir avec du riz ou du pain de campagne pour le tremper dans le délicieux jus de cuisson.

DONNE : 6 PORTIONS

Pesce Spada al Pomodoro e Avocado

Darnes d'espadon aux tomates et à l'avocat

J'apprécie particulièrement ce plat durant les chaudes journées d'été. Le mariage des tomates et de l'avocat est magique. Pour varier, remplacez l'avocat par une mangue.

6 darnes d'espadon, de ¾ pouce (2 cm) d'épaisseur, sans la peau (si désiré, remplacer par du thon ou du requin)
Le jus d'un citron
¾ tasse (190 ml) d'huile d'olive extra vierge
1 grosse pincée d'origan séché
1 brin de poivre vert, frais écrasé
Sel de mer et poivre du moulin, au goût

Pour la sauce :

4 tomates fermes de grosseur moyenne (rouges, jaunes ou orange), coupées en dés
1 avocat mûr, pelé et coupé en dés
2 oignons verts, tranchés finement
¾ tasse (190 ml) d'olives noires (Leccino, Gaeta ou Kalamata), dénoyautées et coupées en quartiers
⅓ tasse (85 ml) de fines herbes mélangées (basilic, persil, menthe), hachées
Le jus de ½ citron
¼-⅓ tasse (65-85 ml) d'huile d'olive extra vierge de première qualité
Sel de mer et poivre noir du moulin

Pour le service :

Huile d'olive extra vierge, pour arroser

❀ Rincer le poisson dans un grand bol d'eau salée, égoutter et assécher. Dans une assiette assez grande pour contenir toutes les darnes, réunir le jus de citron, l'huile d'olive, l'origan et le poivre vert. Saler, poivrer et bien mélanger. Déposer les darnes et les enrober du mélange des deux côtés. Couvrir et réfrigérer pendant au moins 2 heures (ce poisson ayant tendance à être très sec, il faut le faire mariner pour qu'il demeure juteux).

❀ Pendant ce temps, préparer la sauce. Dans un bol de grosseur moyenne, combiner les tomates, l'avocat, les oignons verts, les olives, les fines herbes, le jus de citron et l'huile d'olive. Saler, poivrer et bien mélanger. Chauffer le gril à température moyenne, ou chauffer une poêle en fonte sur la cuisinière. Badigeonner le poisson avec la marinade et faire griller pendant 4 minutes, tourner ensuite les darnes et badigeonner de nouveau avec la marinade avant de cuire encore 2-3 minutes. Ne pas trop les cuire. Transférer les darnes dans un plat de service, napper du mélange aux tomates. Verser un filet d'huile d'olive et servir immédiatement.

DONNE : 6 PORTIONS

Consigli di cucina

Si toutefois vous avez des restes, émiettez l'espadon et ajoutez le poisson et les légumes à des pâtes bien fumantes. Rehaussez le tout d'un filet d'huile d'olive et d'un peu de poivre noir frais moulu.

Pesce in Crosta di Sale

Vivaneau en croûte de sel

Ce plat est un véritable coup de cœur. J'adore apporter le poisson à la table et briser la croûte devant les invités. Servez-le accompagné d'une salade du jardin et d'un verre de vin blanc.

Pour le poisson :

1 vivaneau entier, d'environ 4 à 4 ½ lb (1,75-2 kg), non écaillé, vidé, branchies enlevées, queue et nageoires coupées

3 brins de romarin frais, entiers

2 feuilles de laurier

½ citron, coupé en tranches de ¼ pouce (0,5 cm)

½ petit oignon rouge, pelé et coupé en tranches de ¼ pouce (0,5 cm)

4 ½ à 5 ½ lb (2 à 2,5 kg) de gros sel de mer

¼ tasse (65 ml) d'eau

Pour la sauce :

2 c. à soupe (30 ml) de basilic, ciselé finement

2 c. à soupe (30 ml) de persil plat frais, haché finement

½ oignon rouge de taille moyenne, pelé et coupé en dés

2 c. à soupe (30 ml) de tomates semi-séchées, coupées en julienne

1 c. à soupe (15 ml) de câpres, rincées

2 grosses tomates, pelées, épépinées et coupées en dés

1-2 c. à soupe (15-30 ml) de jus de citron

½ à ¾ tasse (125-185 ml) d'huile d'olive extra vierge, A.O.C.

Sel de mer et poivre noir du moulin

❀ Préchauffer le four à 450 °F (230 °C). Bien rincer le poisson, au-dedans et au-dehors, jusqu'à ce qu'il n'y ait plus de trace de sang, assécher. Remplir les cavités du poisson de romarin, de feuilles de laurier ainsi que de tranches de citron et d'oignon. Recouvrir un plat de cuisson de papier d'aluminium et y faire un lit pour le poisson en utilisant la moitié du sel. Mettre le poisson sur le lit de sel et replier les contours du papier d'aluminium pour contenir le sel en une forme semblable à celle du poisson. Saupoudrer le poisson du sel restant. Asperger d'un peu d'eau – environ ¼ tasse (65 ml) ou moins – pour que le sel adhère. Placer le plat au centre du four et faire cuire 12 minutes par livre (454 g). Adapter le temps de cuisson en ajoutant 6 minutes par ½ lb (227 g) de poisson.

❀ Pendant ce temps, réunir les ingrédients de la sauce dans un bol de grosseur moyenne. Mélanger, rectifier l'assaisonnement et réserver. Retirer le poisson du four. Laisser reposer 10 minutes afin que la chair se raffermisse et soit plus facile à découper. Briser et enlever la croûte de sel. Enlever les plus de sel possible afin qu'il ne tombe pas sur le poisson au moment d'enlever la peau. Découper le poisson en filets, répartir en portions et napper de sauce avant de servir.

DONNE : 4 À 6 PORTIONS

Consigli di cucina

Demandez à votre poissonnier de ne pas écailler le poisson, car les petites écailles permettent au poisson de ne pas absorber trop de sel.

Spigola al forno con Patate e Olive

Bar commun, pommes de terre et olives

J'adore les plats « tout-en-un » ! Cette recette vous permet de déguster un poisson rôti, coiffé de pommes de terre croustillantes et d'olives fruitées. Le mélange des saveurs est sublime !

2 bars communs de 1 ½ à 2 lb (700-900 g) chacun, nettoyés, têtes et queues intactes (peuvent être remplacés par un vivaneau ou un bar d'Amérique)

4 c. à soupe (60 ml) de persil plat frais, haché grossièrement

2 c. à soupe (30 ml) de marjolaine, hachée grossièrement

8 c. à soupe (120 ml) d'huile d'olive extra vierge, un peu plus pour huiler le plat

3 c. à soupe (45 ml) de jus de citron

Sel de mer et poivre du moulin, au goût

1 citron, coupé en tranches de ¼ pouce (0,5 cm)

2 lb (900 g) de pommes de terre à chair jaune, pelées et coupées en tranches de ¼ pouce (0,5 cm)

¾ tasse (190 ml) d'olives Gaeta ou autre variété d'olives méditerranéennes, entières

Pour servir :

Huile d'olive extra vierge, pour arroser

2 c. à soupe (30 ml) de persil plat frais, haché finement

Consigli di cucina

Le poisson peut être assemblé jusqu'à 1 heure à l'avance. Vous pouvez également remplacer le citron par une orange (les tranches et le jus). Les feuilles de fenouil se marient divinement à l'orange.

⊛ Préchauffer le four à 425 ºF (220 ºC). Huiler un grand plat à cuisson en terre cuite, de type *tiella* italienne. Rincer les poissons et les assécher. Avec un couteau aiguisé, pratiquer des entailles sur chaque côté des poissons, en coupant jusqu'à l'os. Dans un petit bol, mélanger le persil, la marjolaine, le jus de citron, le sel et le poivre ainsi que 4 c. à soupe (60 ml) d'huile. Frotter chaque poisson de ce mélange, en-dedans et au-dehors. Mettre les tranches de citron dans chacune des cavités. Couvrir et laisser reposer pendant la préparation des pommes de terre.

⊛ Faire tremper les pommes de terre dans l'eau froide pendant 30 minutes. Les égoutter et les assécher avant de les mettre dans un bol de grandeur moyenne. Ajouter le reste de l'huile, saler et poivrer généreusement. Bien mélanger avant de les étendre sur une plaque à pâtisserie assez grande pour toutes les contenir en une seule couche. Faire cuire les pommes de terre jusqu'à ce qu'elles dorent, soit 25 à 30 minutes. Tourner les pommes de terre, ajouter les olives et mettre les poissons sur le dessus. Poursuivre la cuisson jusqu'à ce que la chair du poisson soit opaque près de l'os et que les pommes de terre soient tendres, soit 20 à 30 minutes de plus, selon la taille des poissons.

Pour servir :

⊛ Couper le poisson en filets

⊛ Arroser de votre meilleure huile d'olive, saupoudrer de persil et ajouter une pincée de sel de mer.

DONNE : 6 PORTIONS

Pollo fritto farcito   Cuisses de poulet farcies

Ce plat de poulet est le préféré de Luca, mon plus jeune fils. Cette recette est un classique des vacances d'été, lorsque j'ai plus de temps pour concocter une cuisine plus élaborée. Elle convient merveilleusement bien aux brunchs ou aux pique-niques. Si vous avez la chance d'avoir des restes, vous aurez un délicieux casse-croûte le lendemain.

24 cuisses de poulet, sans la peau
2 c. à soupe (30 ml) de gros sel

Pour la farce :

4 c. à soupe (60 ml) d'huile d'olive extra vierge
1 c. à soupe (15 ml) de beurre non salé
½ lb (225 g) de veau haché
½ lb (225 g) de porc haché
1 c. à soupe (15 ml) de pâte de tomate
½ tasse (125 ml) de vin blanc sec
½ tasse (125 ml) de mortadelle, de salami ou de prosciutto, haché finement
2 œufs, légèrement battus
¾ tasse (190 ml) de Parmigiano-Reggiano, frais râpé
Une pincée de muscade, fraîchement râpée
1 c. à thé (5 ml) de zeste de citron
2 c. à soupe (30 ml) de persil plat frais, haché finement
½ tasse (125 ml) de mozzarella fraîche, égouttée, asséchée et coupée en dés
Sel de mer et poivre du moulin, au goût
2-3 c. à soupe (30-45 ml) de chapelure régulière, faite maison de préférence

Pour assembler :

5 gros œufs, légèrement battus avec du sel, du poivre et 1 c. à soupe (15 ml) de persil plat, haché finement
1 ½-2 tasses (375-500 ml) de farine tout usage non blanchie
3 ½-4 tasses (875-1000 ml) de chapelure fine nature, faite maison de préférence
1 gousse d'ail entière, non pelée
1 brin de sauge fraîche
2 brins de romarin frais
Huile à friture (canola, maïs ou tournesol)

⚙ Mettre le sel dans un grand bol d'eau froide et faire tremper les cuisses de poulet pendant 20 minutes. Rincer, assécher avec des essuie-tout. Mettre de côté.

Préparer la farce :

⚙ Entre-temps, chauffer l'huile d'olive et le beurre dans une grande poêle. Ajouter le veau et le porc haché et faire revenir pendant 5 minutes. Saler et poivrer. Ajouter la pâte de tomate et le vin, augmenter la température et cuire jusqu'à ce que le vin soit évaporé. Éteindre le feu, transférer le mélange dans un grand bol et laisser refroidir. Ajouter ensuite la mortadelle, les œufs, le Parmigiano, la muscade, le zeste de citron, le persil, la mozzarella, le sel et le poivre. Bien mélanger. Incorporer au besoin un peu de chapelure pour lier le mélange. À l'aide d'un couteau d'office, élargir l'ouverture autour de l'os et remplir chaque cuisse de farce. Mettre de côté. Saupoudrer légèrement les cuisses de farine, tremper dans les œufs puis enrober de chapelure. Réfrigérer pendant au moins 30 minutes et jusqu'à 1 journée.

Frire les cuisses :

⚙ Préchauffer le four à 400 °F (200 °C). Remplir une grande poêle à fond épais de 2 à 3 pouces (5-8 cm) d'huile de canola. Chauffer l'huile à feu moyen jusqu'à ce que le thermomètre à friture indique 350 °F (175 °C). Dès que l'huile est chaude, ajouter la gousse d'ail, la sauge et le romarin. Déposer les cuisses de poulet dans l'huile, une à la fois, en ne surchargeant pas la poêle. Faire cuire jusqu'à ce qu'elles soient dorées puis les égoutter sur des essuie-tout. Frire ainsi par petites quantités, en s'assurant que l'huile soit toujours chaude. Transférer les cuisses sur une plaque assez large pour toutes les accueillir en une seule couche et terminer la cuisson au four pendant 20-25 minutes. Saupoudrer de sel de mer et déguster immédiatement.

DONNE : 12 PORTIONS

Consigli di cucina

S'il vous reste de la farce, confectionnez de très petites boulettes de viande et mettez-les dans du bouillon de poulet fait maison en laissant mijoter pendant 8-10 minutes.

Consigli di cucina

Vous pouvez préparer ces paupiettes de poulet à l'avance et les réfrigérer. Assurez-vous seulement de les enrober de farine avant la cuisson pour qu'elles dorent uniformément.

Involtini di Pollo con Carciofi

Paupiettes de poulet farcies aux artichauts

Les involtini sont très prisés en Italie ; l'art qui consiste à farcir et à rouler de petites quantités de viande y est répandu. J'aime les servir avec une purée de pommes de terre et une sauce à l'oignon.

6 escalopes de poulet, de ⅛ de pouce (0,3 cm) d'épaisseur, aplaties finement
¼ lb (110 g) prosciutto cotto (jambon cuit)
3 oignons verts, les parties blanches et vert tendre uniquement, épluchés et coupés en deux
1 pot (6 oz ou 170 ml) de cœurs d'artichauts marinés, égouttés et coupés en quartiers
2-3 gros oignons, tranchés finement
6 c. à soupe (90 ml) de beurre non salé, froid
1 tasse (250 ml) de farine non blanchie, pour enrober
¼ tasse (65 ml) d'huile d'olive extra vierge
½ tasse (125 ml) de vin blanc sec
½-1 tasse (125-250 ml) de bouillon de poulet
Sel de mer et poivre du moulin, au goût
1 c. à soupe (15 ml) de persil plat, haché finement

❀ Passer le prosciutto, les oignons verts et 3 c. à soupe (45 ml) de beurre au robot culinaire en laissant des morceaux. Disposer les tranches de poulet en une seule couche sur la surface de travail, saler et poivrer. Répartir un peu du mélange de jambon sur chaque tranche et couronner d'un morceau de cœur d'artichaut. Rouler les tranches sur le sens de la longueur en couvrant la garniture de ½ pouce (1 cm) de chaque côté. Commencer par l'extrémité la plus mince, comme pour un roulé à la confiture. Terminer en piquant avec des cure-dents. Enrober de farine et mettre de côté.

❀ Chauffer l'huile et le beurre restants dans une grosse poêle à feu moyen-élevé et faire sauter les oignons pendant 5 minutes en faisant attention de ne pas les brûler. Ajouter les paupiettes et faire revenir jusqu'à ce qu'elles soient dorées de tous les côtés. Ajouter le vin et laisser cuire brièvement pour que le liquide réduise un peu. Baisser le feu et cuire à couvert de 30 à 40 minutes ou jusqu'à ce que le poulet soit tendre. Ajouter un peu de bouillon de poulet de temps en temps afin de maintenir le niveau de liquide dans la poêle. Quelques minutes avant la fin de la cuisson, enlever le couvercle et laisser réduire la sauce de moitié. Ajouter le persil, saler et poivrer. Servir chaud.

DONNE : 6 PORTIONS

Polpettone ripieno

Roulé de viande au veau et aux épinards

Ce plat emballe littéralement tous mes étudiants, qu'ils soient italiens ou non. Il demande un peu de temps de préparation, mais il peut être réalisé la veille et mis au four le jour suivant. Une fois les préparatifs terminés, le polpettone cuit essentiellement par lui-même, laissant au chef tout le loisir de prendre part à la fête !

Pour la viande :

2 lb (900 g) de veau haché

1 grosse gousse d'ail, hachée finement

2 gros œufs

¼ tasse (65 ml) de Parmigiano-Reggiano frais râpé

4 ou 5 brins de persil, hachés finement

Sel de mer et poivre noir du moulin, au goût

¼ tasse (65 ml) de chapelure fine

Pour la farce :

8 c. à soupe (120 ml) d'huile d'olive extra vierge

8 oz (240 g) de champignons café, nettoyés et tranchés finement

3 c. à soupe (45 ml) de persil plat frais, haché finement

3 gousses d'ail, hachées finement

2 gros œufs, battus légèrement

1 botte d'épinards frais, sans les tiges, blanchis, bien égouttés et hachés grossièrement

¼ tasse (65 ml) de Parmigiani-Reggiano frais râpé

3 poivrons rouges de grosseur moyenne, rôtis, pelés et tranchés finement

¼ lb (110 g) de prosciutto cotto (jambon cuit), haché finement

1 tasse (250 ml) d'olives noires, dénoyautées et coupées en deux

1 pot (6 oz ou 170 ml) de cœurs d'artichauts, marinés dans l'huile, égouttés et tranchés finement

1 tasse (250 ml) de mozzarella fraîche, égouttée, asséchée et coupée en dés

Sel de mer et poivre du moulin, au goût

Préparer la viande :

❀ Dans un grand bol, combiner le veau haché, l'ail, les œufs, le fromage et le persil. Saler, poivrer et bien mélanger. Ajouter de la chapelure, quelques c. à soupe à la fois, jusqu'à ce que le mélange soit lié (il pourra rester de la chapelure). Mettre de côté.

Préparer la farce :

❀ Dans une grande poêle, chauffer 2 c. à soupe (30 ml) d'huile d'olive à feu moyen-élevé. Ajouter les champignons et faire cuire en remuant jusqu'à ce qu'ils soient dorés. Ajouter la moitié de l'ail et la moitié du persil et remuer. Saler, poivrer et mettre de côté pour laisser refroidir. Dans un petit bol, combiner les œufs, les épinards et le Parmigiano. Saler et poivrer. Dans un autre petit bol, ajouter les poivrons rôtis et assaisonner avec le persil et l'ail restants, et 2 c. à soupe (30 ml) d'huile. Saler, poivrer, bien mélanger et mettre de côté.

Assembler :

❀ Préchauffer le four à 350 °F (175 °C). Sur une grande planche à découper en bois, ou une surface de travail, disposer deux feuilles d'aluminium de 18 pouces (45 cm) de long, en les superposant à leur point de rencontre. Huiler légèrement le papier d'aluminium avec 2 c. à soupe (30 ml) d'huile. Placer la viande au milieu et l'étendre, avec vos doigts préalablement humectés, en un rectangle d'une grandeur approximative de 12 x 14 pouces (30 x 35 cm) et d'environ ½ pouce (1 cm) d'épaisseur. Étaler le mélange d'épinards et d'œufs sur la viande. Couvrir de champignons, de jambon, du mélange de piments, d'olives et d'artichauts. Étaler la mozzarella uniformément. Saler, poivrer et arroser des 2 c. à soupe (30 ml) d'huile d'olive restantes.

DONNE : 8 PORTIONS

Rouler :

❀ Rouler la viande dans le sens de la longueur, avec l'aide du papier d'aluminium, comme un roulé à la confiture. Pincer les extrémités pour enrober toute la farce. Envelopper le pain de viande de papier d'aluminium. Cuire 70 à 75 minutes au four. Après cuisson, passer sous le gril 2 minutes et laisser reposer 15 minutes. Servir chaud ou à la température de la pièce, coupé en tranches.

Involtini di Vitello con Aceto Balsamico e Parmigiano-Reggiano

Paupiettes de veau au vinaigre balsamique et au parmesan

Ces bouchées de veau fondent littéralement dans la bouche. Elles sont faciles à assembler et cuisent rapidement. Vous pouvez les déguster en entrée ou en plat principal.

1 tasse (250 ml) de Parmigiano-Reggiano, frais râpé

2 c. à soupe (30 ml) de romarin frais, haché finement

2 c. à soupe (30 ml) de persil plat, haché finement

2 c. à soupe (30 ml) de câpres, rincées et hachées

1 grosse gousse d'ail, hachée

1 lb (454 g) d'intérieur de ronde de veau, tranché très finement

12-14 grandes tranches de prosciutto cotto (jambon cuit), tranché finement

2 c. à soupe (30 ml) d'huile d'olive extra vierge

4 c. à soupe (60 ml) de beurre non salé

½ tasse (125 ml) de vin blanc sec

2 c. à soupe (30 ml) de vinaigre balsamique de première qualité

Sel de mer et poivre du moulin, au goût

DONNE : 6 PORTIONS

❧ Combiner le fromage, le romarin, la moitié du persil, les câpres et l'ail dans un petit bol, saler et poivrer. Disposer les tranches de veau en une seule couche sur la surface de travail. Saler et poivrer. Sur chaque tranche de veau, étendre une demi-tranche de jambon et répartir un peu du mélange de fromage. Rouler les tranches sur le sens de la longueur en couvrant la garniture de ½ (1 cm) de chaque côté. Commencer par l'extrémité la plus mince, comme pour un roulé à la confiture. Terminer en piquant les paupiettes avec des cure-dents.

❧ Faire fondre 2 c. à soupe (30 ml) de beurre et l'huile dans une très grande poêle à feu moyen-élevé. Ajouter les paupiettes de veau et faire revenir jusqu'à ce qu'elles dorent sur tous les côtés pendant environ 4 minutes. Ajouter le vin, laisser mijoter jusqu'à ce que le liquide ait réduit de moitié et que le veau soit cuit, en le retournant une fois.

❧ Transférer le veau sur une assiette. Verser le vinaigre dans la poêle et le faire réduire pour qu'il épaississe un peu, pendant environ 1 minute. Ajouter le beurre et le reste du persil, rectifier l'assaisonnement. Enlever les cure-dents du veau. Napper les paupiettes de sauce et les servir, accompagnées d'une salade bien croquante.

Consigli di cucina

Assurez-vous que votre boucher tranche le veau à la façon d'un carpaccio. Ce terme désigne des aliments crus ou cuits tranchés très finement. Mon boucher congèle d'abord les morceaux de veau et coupe ensuite des tranches ultra minces au moyen d'une trancheuse à viande. Il est primordial d'acheter une viande bien coupée. Au risque de me répéter… un bon boucher est un véritable cadeau du ciel !

Scaloppine di Vitello ai Pomodori freschi

Escalopes de veau aux tomates fraîches

Je ne compte plus les escalopes de veau que j'ai panées. Ce n'est pas un hasard, car ce plat a toujours été l'un de mes préférés. Je me souviens que, étant jeunes, mes frères, mes sœurs et moi pressions du jus de citron sur les escalopes chaudes. Aujourd'hui encore, j'aime les servir avec une sauce aux tomates fraîches.

6 escalopes, d'intérieur de ronde de ⅛ pouce (0,3 cm) d'épaisseur, aplaties finement

3 gros œufs, légèrement battus avec une pincée de sel et 1 c. à soupe (15 ml) de persil plat haché finement

1 ½ tasse (375 ml) de chapelure nature, mélangée à ½ tasse (125 ml) de Parmigiano-Reggiano râpé et à 1 c. à soupe (15 ml) de persil plat haché finement

Huile à friture (canola, maïs ou tournesol)

Sel, au goût

Pour la sauce :

2 ½ tasses (625 ml) de tomates cerises, coupées en quartiers

1 branche de céleri, la partie blanche de l'intérieur seulement, tranchée finement

4 oignons verts, les parties blanches et vert tendre, tranchés finement en diagonale

1 c. à soupe (15 ml) de persil plat, haché finement

1 c. à soupe (15 ml) de basilic, ciselé finement

¼ tasse (65 ml) d'huile d'olive extra vierge

1 c. à soupe (15 ml) de vinaigre de vin rouge

Sel de mer et poivre noir du moulin, au goût

❧ Tremper les tranches de veau dans le mélange d'œufs battus, en laissant l'excédent retomber dans le bol. Bien enrober de chapelure et de Parmigiano, en pressant légèrement la viande avec la paume de la main. Mettre les escalopes dans une grande assiette et réfrigérer pendant 30 minutes pour permettre à l'enrobage de bien adhérer à la viande durant la cuisson.

❧ Dans une grande poêle à fond épais, ajouter 2 pouces (5 cm) d'huile et chauffer à feu moyen jusqu'à ce que le thermomètre à friture indique 350 °F (175 °C). Ajouter les escalopes sans surcharger la poêle. Les faire cuire jusqu'à ce qu'elles soient dorées de chaque côté, pendant environ 2 minutes. Déposer les escalopes sur une plaque à pâtisserie recouverte d'essuie-tout et bien les assécher pour enlever l'excès d'huile. Dans un bol de grosseur moyenne, combiner tous les ingrédients de la sauce tomate et bien mélanger. Goûter et rectifier l'assaisonnement.

❧ Disposer les escalopes sur des assiettes de service individuelles et napper de quelques c. à soupe (30-45 ml) de sauce tomate. Servir immédiatement.

DONNE : 6 PORTIONS

Consigli di cucina

Si possible, faites mariner les escalopes dans le mélange d'œufs pendant quelques heures, ou même toute la nuit, au réfrigérateur. Ma mère, qui m'a enseigné cette technique, affirme que le mélange d'œufs attendrit le veau et que le temps de macération additionnel permet de marier les saveurs !

Spiedini di Salsiccia di Finocchio

Brochettes de saucisses au fenouil

J'ai la chance d'avoir deux hommes merveilleux dans ma vie. Le premier n'a pas besoin de présentation (mon mari) et le second est mon boucher ! Il me prépare des saucisses fraîches, donc sans nitrate, qui ne contiennent que de la viande et des épices (qu'il accepte gentiment de varier lorsque je lui demande) !

12 petites saucisses italiennes au fenouil
6 tranches de poivrons rouges marinés, coupées en deux
12 feuilles de laurier fraîches, ou de solides brins de romarin frais

Pour monter les brochettes :

Des brochettes de bois trempées préalablement dans l'eau froide
   pendant 30 minutes ou des branches de romarin fermes
De l'huile d'olive pour badigeonner le gril

❀ Enfiler une saucisse dans le sens de la longueur sur la brochette, poursuivre avec un morceau de poivron et finir par une feuille de laurier. Répéter avec les autres saucisses. Transférer les brochettes sur un gril chaud huilé ou dans une poêle en fonte préchauffée. Faire griller les brochettes pendant 5 à 6 minutes de chaque côté en veillant à ce qu'elles ne brûlent pas. Servir bien chaud, 2 brochettes par personne.

DONNE : 6 PORTIONS

Consigli di cucina

Si vous n'avez pas de feuilles de laurier fraîches, vous pouvez les remplacer par 12 brins de romarin frais de 1 pouce (2,5 cm). Vous n'avez qu'à les insérer dans le boyau de la saucisse afin qu'elles demeurent en place durant la cuisson.

Arista di Maiale alla Maria

Rôti de longe de porc

Un rôti de longe de porc est un excellent plat de résistance en toute occasion. Cette recette reprend un rôti de porc à la toscane classique que j'ai agrémenté. J'espère que tous vos proches l'apprécieront !

1 rôti de longe de porc de 6 lb (2,5 kg)
   (avec l'os)
2 c. à soupe (30 ml) de moutarde de Dijon
6 gousses d'ail, pelées et hachées
   grossièrement
2 c. à soupe (30 ml) de graines de fenouil
   entières
½ petit peperoncini (piment rouge), ou
   ¼ à ½ c. à soupe (1-3 ml) de flocons de
   piment
Le zeste de 1 orange
Sel de mer et poivre du moulin

Pour assembler :

2 c. à soupe (30 ml) d'huile d'olive extra
   vierge, pour huiler le plat à rôtir
3 grosses oranges coupées en tranches de
   ¼ pouce (0,5 cm)
2-3 brins de romarin frais entiers
½ tasse (125 ml) de jus d'orange frais
1 tasse (250 ml) de vin blanc sec

Pour la sauce :

1 tasse (250 ml) de bouillon de poulet,
   complètement dégraissé
1 c. à soupe (15 ml) de moutarde de Dijon
1 c. à soupe (15 ml) de beurre non salé, froid

Préparer le rôti :

❀ Demander au boucher de détacher partiellement l'os de la viande (il faudra détacher ultérieurement le rôti pour l'ouvrir en deux parties ; les côtes d'un côté et la longe de l'autre). Au moins 24 heures à l'avance, à l'aide d'un mortier, piler l'ail et une pincée de sel de mer jusqu'à obtention d'une pâte homogène. Ajouter la moutarde et le zeste d'orange, bien mélanger. Mettre de côté.

❀ Au moyen d'un moulin à café, moudre les graines de fenouil et le peperoncini séché jusqu'à l'obtention d'une texture moyenne-fine. Mettre de côté.

❀ Assécher le rôti avec des essuie-tout – cela permettra au rôti de dorer uniformément. Avec du sel de mer, saler généreusement le rôti entier, au-dedans et au-dehors, en incluant les os et en insistant sur les parties plus épaisses. Enduire l'intérieur et l'extérieur du rôti de pâte à l'ail et à la moutarde. Saupoudrer ensuite de mélange de fenouil moulu et de poivre du moulin. Réassembler la longe avec de la ficelle, en attachant la viande à l'os à chaque 1 à 1 ½ pouce (2-3 cm). Insérer des brins de romarin entre la ficelle et le rôti. Huiler un grand plat à rôtir, disposer des tranches d'orange dans le fond du plat et y déposer le rôti. Couvrir et réfrigérer toute une nuit.

❀ Préchauffer le four à 425 °F (220 °C) et ramener la viande à la température de la pièce. Enfourner le plat et faire cuire à découvert pendant 15 minutes, baisser la température à 350 °F (175 °C). Arroser de jus d'orange et de vin, et poursuivre la cuisson, en tournant le plat de temps à autre pour faire dorer chaque côté. Retirer du four lorsque le thermomètre à viande indique 150-155 °F (65-70 °C) dans les parties les plus épaisses, soit entre 2 h 15 à 2 h 30. Placer dans une assiette et saupoudrer de sel avant de recouvrir grossièrement de papier d'aluminium. Laisser reposer le rôti 20 minutes avant de le découper.

Préparer la sauce :

❀ Pendant que le rôti repose, enlever les tranches d'orange et mettre de côté. Déglacer le plat à rôtir en mouillant avec du bouillon de poulet, ajouter la moutarde et cuire à feu doux jusqu'à ce que la sauce soit riche en saveur. Rectifier l'assaisonnement et ajouter le beurre froid en remuant. Mettre de côté. Couper la ficelle et la viande entre les côtes, et trancher en côtelettes. Napper de sauce et décorer chaque assiette de tranches d'orange caramélisées. Servir chaud.

Donne : 10-12 portions

118 | Secondi 🍃

Consigli di cucina

Le porc étant une viande qui doit être rehaussée, la longe convient parfaitement à cette recette. Elle est très dense, vous devez donc la faire mariner assez longtemps pour que toutes ses saveurs se développent. Il est important de laisser les os lors de la cuisson car ils donnent beaucoup de goût au plat.

Variante

Essayez de combiner le citron et le thym au lieu de l'orange et du romarin.

Al Mercato

Au marché

Je ne connais rien de mieux que de me balader dans un marché extérieur, un samedi matin calme, avec mon amie italienne Laura.

Insalata

Les salades

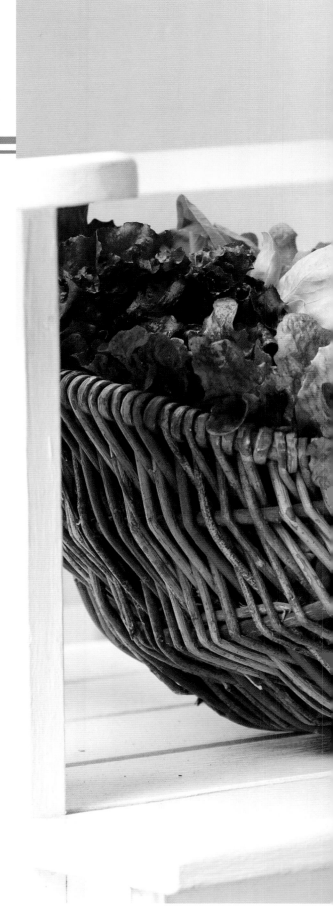

Mesticanza con Frutta

Salade du jardin avec fruits

Cette salade est un plat d'été exquis, elle accompagne parfaitement les viandes grillées, le poulet frit ou le lapin. L'une des préférées de mes étudiants, au mélange aigre-doux, s'y marie à merveille. Qui a dit que la salade devait être fade !

Environ 8 tasses (2 l) de jeunes laitues et de légumes verts mélangés, de saveurs et de textures différentes allant de sucrée, douce et amère à tendre et croquante : roquette, bébé épinards, feuilles de betteraves, feuilles de moutarde, cresson, mâche, oseille, chicorée de Trévise, endive, laitue frisée, laitue Bibb, etc.

1 carotte, pelée et tranchée finement

½ concombre anglais, pelé et tranché finement

½ poivron jaune, coupé en julienne

½ poivron rouge, coupé en julienne

2 oignons verts, tranchés finement

½ orange avec la pelure, tranchée en fines rondelles, puis coupée en segments

½ tasse (125 ml) d'ananas frais, pelé et coupé en cubes

½ mangue, pelée et coupée en cubes

Pour la vinaigrette :

1 échalote, hachée finement

2 c. à soupe (30 ml) de jus d'orange frais

1-2 c. à soupe (15-30 ml) de vinaigre balsamique de première qualité

Sel de mer et poivre noir du moulin

¼-⅓ tasse (65-85 ml) d'huile d'olive extra vierge de première qualité

1 c. à soupe (15 ml) de ciboulette fraîche, coupée en morceaux de ½ pouce (1 cm)

DONNE : 8 PORTIONS

❀ Faire tremper la laitue, les légumes verts, la carotte, les poivrons et les oignons verts dans un grand bol d'eau froide. Remuer doucement les feuilles dans l'eau, puis les retirer en laissant les grains de sable et de terre dans l'eau. Répéter avec de l'eau fraîche jusqu'à ce que demeure propre. Laisser tremper les légumes au moins 30 minutes. Égoutter et essorer par petites quantités afin de ne pas abîmer les feuilles.

Pour la vinaigrette :

❀ Dans un petit bol, réunir l'échalote, le jus d'orange, le vinaigre balsamique ainsi que le sel et le poivre, au goût. Fouetter pour dissoudre le sel puis, en fouettant toujours, verser l'huile en un mince filet. Ajouter en mélangeant doucement la ciboulette. Rectifier l'assaisonnement et mettre de côté. Arroser la salade avant de servir. Dans un grand bol, réunir les ingrédients de la salade et verser lentement la vinaigrette, quelques c. à soupe à la fois. Vos mains sont le meilleur ustensile pour mélanger la salade. Ajuster l'assaisonnement au besoin et servir.

Consigli di cucina

Préparez la vinaigrette une journée à l'avance. Les échalotes s'adoucissent et leur saveur s'atténue lorsqu'elles reposent. Réfrigérez la vinaigrette et la ramener à la température de la pièce avant de l'utiliser, car l'huile d'olive fige au réfrigérateur !

La mâche – aussi appelée doucette, clairette ou valérianelle – est très prisée des Italiens en raison de la saveur délicate de ses feuilles tendres.

Insalata di Barbabietole, Pere e Caprino

Salade de betteraves rouges, de poires et de fromage de chèvre

Dans cette recette, j'ai combiné trois de mes ingrédients préférés – la betterave, la poire et le fromage de chèvre. J'adore les betteraves en raison de leur saveur terreuse et de leur couleur rouge violacé. J'ai ajouté les poires pour sucrer un peu, quelques morceaux de fromage de chèvre pour relever le goût et une poignée de noisettes grillées pour donner de la texture. Désarmant de simplicité !

6 betteraves rouges ou jaunes de grosseur moyenne, de préférence avec leurs feuilles

1 c. à soupe (15 ml) d'huile d'olive extra vierge

1 feuille de laurier

2 gousses d'ail, non pelées

2 brins de thym frais

Sel de mer et poivre du moulin

Pour les poires :

4 tasses (1 l) d'eau froide

¼ tasse (65 ml) de sucre

Le jus de ½ citron

1 grande lamelle de zeste de citron

1 bâton de cannelle

1 graine de cardamome

1 clou de girofle

3 poires pas encore mûres, non pelées et tranchées finement sur la longueur

Pour la vinaigrette :

2 c. à soupe (30 ml) de vinaigre de xérès

1 gousse d'ail, hachée

1 c. à thé (5 ml) de moutarde de Dijon au miel

¼ tasse (65 ml) d'huile de noisette

¼ tasse (65 ml) d'huile d'olive extra vierge

Sel de mer et poivre noir du moulin

Pour l'assemblage :

1 paquet (3 ½ oz ou 100 g) de feuilles de mâche (faire tremper dans l'eau froide pendant 30 minutes, égoutter et essorer)

½ tasse (125 ml) de noisettes, pelées, grillées au four et hachées grossièrement

½ tasse (125 ml) de fromage de chèvre, émietté

❊ Pour les betteraves : préchauffer le four à 425 °F (220 °C). Couper les feuilles en laissant environ 1 pouce (2,5 cm) des tiges sur le haut des betteraves. Nettoyer. Dans un bol moyen, combiner betteraves, huile, feuille de laurier, gousses d'ail et thym. Saler, poivrer et mélanger. Envelopper dans un papier d'aluminium et transférer sur une plaque à pâtisserie. Cuire les betteraves environ 1 h 30. Vérifier leur fermeté en insérant une brochette de bois au centre. Une fois cuites, elles n'offrent qu'une légère résistance. Retirer du four, jeter les herbes et l'ail, puis laisser refroidir un peu. Peler les betteraves et les trancher en diagonale au moyen d'une mandoline.

❊ Pour les poires : préchauffer le four à 375 °F (190 °C). Dans une casserole moyenne, sur feu moyen, combiner l'eau, le sucre, le jus de citron et le zeste, la cannelle, la cardamome et le clou de girofle. Amener à ébullition et remuer jusqu'à dissolution du sucre. Baisser le feu et ajouter les poires. Les blanchir rapidement 30 secondes et les égoutter dans une passoire. Sur une plaque à pâtisserie (ou deux) recouverte de papier sulfurisé, disposer les poires en une couche. Les cuire jusqu'à ce qu'elles soient croustillantes et légèrement dorées, les tourner à mi-cuisson. Retirer du four, refroidir.

❊ Pour la vinaigrette : dans un petit bol, combiner le vinaigre, l'ail et la moutarde de Dijon. Verser l'huile en un mince filet en fouettant. Saler, poivrer et mettre de côté.

❊ Pour l'assemblage : mettre les betteraves en couches circulaires et superposées dans une grande assiette. Déposer une poignée de feuilles de mâche, éparpiller les tranches de poires sur le dessus, puis saupoudrer de fromage de chèvre et de noisettes. Arroser de vinaigrette. Servir.

DONNE : 6-8 PORTIONS

Consigli di cucina

Achetez des betteraves qui ont encore leurs feuilles, c'est un synonyme de fraîcheur. Ne coupez pas les tiges exactement où elles joignent la betterave car celle-ci saignera, perdra de la couleur et de la saveur durant la cuisson. Une fois cuites, laissez refroidir juste assez pour pouvoir les manipuler et les peler pendant qu'elles sont chaudes. Retirez la pelure au moyen d'un couteau d'office.

Insalata di Peperoni arrostiti

Salade de poivrons rouges rôtis

Il est incroyable que je raffole encore des poivrons rôtis, car ma sœur Nella et moi devions en peler pendant de longues heures sous la surveillance étroite de notre mère lorsque nous étions adolescentes.

5 gros poivrons rouges entiers, à chair et à peau épaisses, (ils devraient sembler pesants), entiers
¼ tasse (65 ml) d'huile d'olive extra vierge
2 gousses d'ail, pelées et émincées finement
½ tasse (125 ml) d'olives noires, dénoyautées, tranchées
2 c. à soupe (30 ml) de persil plat, haché finement
2 c. à soupe (30 ml) de petites câpres, rincées
Sel et poivre du moulin, au goût
1 c. à soupe (15 ml) de vinaigre balsamique vieilli (facultatif)

❀ La meilleure façon de rôtir les poivrons consiste à les placer dans un four très chaud (450 °F ou 230 °C) à une distance d'au moins 3 pouces (8 cm) de la chaleur du gril. Il est également possible de rôtir les poivrons sur une grille ou sur une cuisinière au gaz. Il faut surveiller attentivement les poivrons pendant la cuisson. Retourner à l'aide de pinces. La peau doit cloquer sans brûler. Lorsque les poivrons sont cuits, retirer du four et déposer dans un bol avant de les recouvrir d'un film plastique. Laisser refroidir complètement. Enlever les poivrons du bol, puis retirer la peau, les pépins et les pédoncules. Couper la chair en lanières de ½ pouce (1 cm). Déposer dans un bol de grandeur moyenne, puis ajouter l'huile, l'ail, les olives, le persil et les câpres. Ajouter le vinaigre balsamique, si désiré. Saler et poivrer généreusement. Bien remuer et servir à la température de la pièce.

Donne : 4 à 6 portions

consigli di cucina

Lorsque les poivrons sont de saison, achetez-en une grande quantité que vous pourrez ranger au congélateur en prévision de l'hiver. Vous devrez les rôtir et les peler avant de les mettre dans des sacs de congélation. Pour faire une salade, vous n'aurez qu'à retirer des sacs la quantité voulue. Vous apprécierez tout ce travail lorsque, plus tard, le prix des poivrons aura augmenté.

Insalata Mista

Salade composée

*Contrairement à la coutume nord-américaine, en Italie,
on sert la salade après le plat de résistance (secondo).
Je trouve cette salade particulièrement rafraîchissante
car le fenouil émoustille le palais.*

1 grosse carotte, pelée et tranchée finement
1 gros bulbe de fenouil, lavé, paré et coupé en lamelles
    de ⅛ pouce (0,3 cm)
1 endive rincée, parée et tranchée
1 chicorée de Trévise de grosseur moyenne, lavée et
    déchiquetée en morceaux
1 petite laitue Bibb, lavée et déchiquetée en morceaux
3 radis parés et tranchés finement
3 fleurs de ciboulette en morceaux (facultatif)
2 c. à soupe (30 ml) de ciboulette, hachée
    finement
2 à 3 c. à soupe (30 à 45 ml) de jus de citron frais
5 à 6 c. à soupe (75 à 90 ml) d'huile d'olive extra
    vierge
Sel de mer et poivre du moulin

❀ Placer les carottes, le fenouil, les laitues (sauf l'endive) et
les radis dans un bol d'eau froide, laisser tremper 30 minutes. Égoutter et essorer. Dans un grand bol à salade, combiner les légumes avec l'endive. Saupoudrer de fleurs de
ciboulette, si désiré, et de ciboulette. Dans un petit bol,
mélanger le sel de mer et le jus de citron puis remuer fer-
mement afin de dissoudre le sel. Incorporer graduellement
l'huile d'olive en un mince filet et assaisonner de poivre
frais moulu. Arroser la salade de vinaigrette et bien
remuer. Goûter et, au besoin, rectifier l'assaisonnement.

DONNE 6 À 8 PORTIONS

Consigli di cucina

Essayez de faire tremper vos feuilles de laitue et
vos légumes dans l'eau froide pendant au moins
30 minutes. Cela leur permet de se réhydrater. La
salade en sera ainsi plus fraîche et la vinaigrette
adhérera mieux.

Insalata di Tonno e Cannellini

Salade de thon et de haricots cannellini

Le thon et les haricots cannellini se marient divinement ! Agrémentez cette salade de tomates fraîches ou de poivrons rouges, vous obtiendrez un repas aussi léger que savoureux.

4 tasses (1 l) de haricots cannellini ou de haricots ronds blancs cuits
1 tomate rouge, en dés
1 petit concombre, non pelé en dés
2 paquets (130 g ou 4,5 oz chacun) de filets de thon, conservés dans l'huile d'olive et égouttés
3 tranches de pain de campagne, grillées et coupées en dés
6 à 8 feuilles de basilic, ciselées

Pour la vinaigrette :

½ oignon rouge, pelé et coupé en petits cubes
1 grosse gousse d'ail, hachée
2 c. à soupe (30 ml) de vinaigre de vin rouge
5 à 6 c. à soupe (75 à 90 ml) d'huile d'olive extra vierge
Sel de mer et poivre frais moulu

❦ Dans un grand bol, combiner tous les ingrédients de la vinaigrette. Ajouter les haricots, la tomate, le concombre, le thon et le pain. Remuer pour mélanger les ingrédients. Laisser reposer environ 10 minutes afin que les oignons macèrent et ramollissent. Rectifier l'assaisonnement. Garnir de basilic avant de servir.

DONNE : 6 PORTIONS

Consigli di cucina

Je préfère les haricots secs ou les haricots frais congelés mais si vous manquez de temps, vous pouvez également utiliser des haricots en conserve. N'oubliez pas de bien les rincer.

Insalata calda di Ciliegino con Caprino

Salade de chèvre chaud et de tomates cerises

Si personne ne regarde, trempez votre pain dans le jus de cuisson des tomates restant dans la poêle. Cette salade est délicieuse avec du pain croûté et un verre de vin rouge !

½ tasse (125 ml) d'huile d'olive extra vierge
1 lb (454 g) de tomates cerises sucrées
1 c. à soupe (15 ml) de vinaigre balsamique
4 grosses gousses d'ail, non pelées et écrasées sous la lame d'un couteau
4 brins de thym frais, entiers
1 ¼ tasse (315 ml) de fromage de chèvre à pâte molle, émietté en gros morceaux
Sel de mer et poivre du moulin

❀ Préchauffer le four à 400 °F (200 °C). Placer une grande poêle en fonte au four pendant 15 minutes. Retirer puis y mettre l'huile, les tomates, le vinaigre balsamique, l'ail et le thym. Saler et poivrer généreusement. Remettre au four pendant 12 à 15 minutes, puis ajouter le fromage de chèvre. Faire ensuite griller le tout pendant 1 à 2 minutes. Servir immédiatement avec du pain croûté.

DONNE : 6 PORTIONS

Consigli di cucina

Confectionnez un autre repas en ajoutant les restes de cette salade à des pâtes.

Contorni

Légumes et accompagnements

Asparagi arrostiti al Rosemarino e Limone

Asperges rôties au romarin et au citron

Dans cette recette, je blanchis les asperges avant de les faire rôtir pour préserver leur couleur. Je m'assure ainsi qu'elles seront agréables à l'œil.

2 lb (900 g) d'asperges (les plus épaisses sont les meilleures)
4 c. à soupe (60 ml) d'huile d'olive extra vierge
4 c. à soupe (60 ml) de jus de citron frais
1 c. à thé (5 ml) de zeste de citron
2 c. à thé (10 ml) de romarin frais, haché finement
3 c. à soupe (45 ml) de beurre non salé, froid et coupé en dés
Sel de mer et poivre noir du moulin, au goût

- Couper l'extrémité ligneuse des asperges en les pliant jusqu'à ce qu'elles cassent. Jeter les parties ligneuses et faire tremper les asperges dans l'eau froide pendant 20-30 minutes. Pendant ce temps, préchauffer le four à 450 °F (230 °C). Égoutter les asperges.

- Remplir une casserole de grandeur moyenne d'eau salée et amener à ébullition, ajouter les asperges et faire cuire jusqu'à ce qu'elles soient tendres mais croquantes, pendant 2 à 3 minutes. Égoutter et rincer sous l'eau froide, assécher à l'aide d'essuie-tout. Disposer les asperges et le reste des ingrédients, sauf le beurre, sur une plaque à pâtisserie. Mélanger et parsemer de cubes de beurre. Cuire jusqu'à ce que les tiges soient tendres (5-7 minutes), selon l'épaisseur des tiges (vérifier en les perçant avec la pointe d'un couteau). Lorsque les asperges sont prêtes, retirer du four, transférer dans une assiette de service et servir.

DONNE : 6 PORTIONS

Consigli di cucina

Recherchez toujours les asperges les plus épaisses possible, car les grosses tiges d'asperges sont plus goûteuses et consistantes que les plus fines. Choisissez les tiges dont le diamètre est constant pour une cuisson plus uniforme et évitez les pointes visqueuses ainsi que les bases fissurées ou séchées. Mais si vous préférez les plus épaisses au plus minces, toutes les variétés – même les violettes les sauvages et les blanches – ont la même exigence : une fois achetées, on doit les cuire le plus tôt possible. Si vous ne pouvez le faire avant une journée ou deux, coupez la tige sur ½ pouce (1 cm) et mettez-les dans l'eau.

Broccoli impanati

Brocoli pané

J'aime saler légèrement le brocoli avec du sel de mer de Maldon, mon préféré. Le brocoli pané frit est si agréable à manger qu'on ne peut plus s'arrêter. Mes enfants et mon mari pigent dans les brocolis chauds avant même que j'aie le temps de les déposer dans une assiette !

2 petits bouquets de brocoli

5 gros œufs

2 gousses d'ail, hachées

1 c. à soupe (15 ml) de persil plat frais, haché finement

Sel de mer et poivre du moulin, au goût

2 tasses (500 ml) de farine tout usage non blanchie

2 tasses (500 ml) de chapelure fine nature, faite maison de préférence

1 citron, coupé en quartiers

Pour la friture :

Huile à friture (canola, maïs et tournesol sont les meilleures)

1 gousse d'ail, non pelée

2 petits peperoncini (piments rouges)

1 brin de sauge fraîche

2 brins de romarin frais

❀ Laver le brocoli, enlever les tiges et les jeter. Séparer les bouquets en fleurettes de la taille d'une bouchée. Faire tremper dans un grand bol d'eau froide pendant 30 minutes. Égoutter et mettre de côté. Pendant ce temps, amener une grande casserole d'eau froide à ébullition, ajouter un peu de sel et les brocolis. Cuire à découvert jusqu'à ce qu'ils soient tendres mais croquants, de 1 à 2 minutes.

Égoutter immédiatement et plonger dans un grand bol d'eau glacée. Aussitôt qu'ils ont refroidi, égoutter et mettre de côté. Ne pas laisser les brocolis tremper longtemps dans l'eau glacée.

❀ Dans un bol de grandeur moyenne, battre légèrement les œufs, l'ail, le persil, le sel et le poivre. Mettre la farine dans un grand bol et la chapelure dans un autre. Par petites quantités, mettre les fleurettes dans la farine et remuer en les séparant pour les enrober uniformément. Tremper ensuite dans le mélange d'œufs puis enrober de chapelure. Répéter et enrober ainsi toutes les fleurettes.

❀ Verser 2-3 pouces (5-8 cm) d'huile dans une casserole à fond épais de grandeur moyenne, puis ajouter l'ail, les peperoncini, la sauge, le romarin et chauffer l'huile jusqu'à ce que le thermomètre à friture indique 350 °F (175 °C). Plonger les fleurettes de brocoli dans l'huile, en ne surchargeant pas la casserole. Les frire jusqu'à ce qu'elles soient dorées. Les retirer avec une cuillère à égoutter et déposer sur une assiette recouverte d'essuie-tout. Lorsque toutes les fleurettes sont frites, saler et servir avec des quartiers de citron frais.

Donne : 8 à 10 portions

Consigli di cucina

Le fait d'infuser l'huile de friture avec des aromates comme des fines herbes et de l'ail ajoute beaucoup de saveur aux aliments frits. Assurez-vous de les enlever avant qu'ils ne brûlent.

Patate al forno con Aglio

Pommes de terre rôties à l'ail

Pour les Italiens, la pomme de terre est le légume à rôtir par excellence. Bien que le romarin soit l'épice la plus utilisée pour ce plat, j'aime le remplacer par du thym ou de la sauge fraîche, ou comme dans cette recette, par de l'origan et un peu de paprika.

2 ½ lb (1,25 kg) de pommes de terre moyennes à chair jaune et farineuse, comme les Yukon Gold
¼ tasse (65 ml) d'huile d'olive extra vierge
3 grosses gousses d'ail, tranchées
Une grosse pincée de paprika doux
Une grosse pincée d'origan séché
Sel de mer et poivre noir du moulin, au goût
Huile d'olive extra vierge, pour arroser

❦ Peler les pommes de terre et laisser tremper dans un grand bol d'eau froide pendant au moins 30 minutes. Pendant ce temps, préchauffer le four à 400 °F (200 °C). Égoutter les pommes de terre et bien assécher avec des essuie-tout. Couper en quartiers dans le sens de la longueur.

❦ Dans un grand bol, mélanger les pommes de terre et le reste des ingrédients. Disposer les pommes de terre sur une plaque à pâtisserie, la partie coupée vers le bas et cuire 30 à 40 minutes ou jusqu'à ce qu'elles soient croustillantes et dorées. Retourner à mi-cuisson. Transférer les pommes de terre dans un bol de service, rectifier l'assaisonnement et arroser d'un filet d'huile d'olive. Servir.

DONNE : 6 PORTIONS

Consigli di cucina

Pour bien rôtir les pommes de terre, faites-les cuire dans une plaque assez grande pour toutes les contenir sans qu'elles se touchent. Si la plaque est trop petite, elles cuiront à la vapeur au lieu de rôtir.

Consigli di cucina

N'importe quelle pomme de terre à chair farineuse fera l'affaire en purée, mais ma préférée est la Yukon Gold. Vous pouvez préparer les pommes de terre une journée à l'avance, les couvrir et les réfrigérer. Le lendemain, sortez-les du frigo et cuisez-les au four préchauffé.

Puré di Patate al profumo di Tartufo

Purée de pommes de terre parfumée aux truffes

La purée de pommes de terre est toujours délicieuse et représente la cuisine maison à son meilleur. Dans cette recette, j'ai décidé de l'habiller pour un bal.

3 ¾-4 lb (1,75-2 kg) de moyennes pommes de terre à chair jaune et
    farineuse, comme les Yukon Gold, pelées et coupées en gros morceaux
½ tasse (125 ml) de beurre non salé
¾ tasse (185 ml) de lait
1 tasse (250 ml) de crème 35 %
2 œufs entiers, battus légèrement
Sel et poivre blanc du moulin, au goût

Pour assembler :

5-6 c. à soupe (75-90 ml) d'huile d'olive extra vierge
3 c. à soupe (45 ml) de ciboulette fraîche, hachée finement
Sel de mer, au goût
2 c. à soupe (30 ml) de beurre non salé, pour graisser les ramequins

Pour servir

4 c. à thé (20 ml) d'huile de truffe ou quelques copeaux de truffes en pot,
    importées d'Italie de préférence

❀ Faire tremper les pommes de terre dans un grand bol d'eau froide pendant environ 30 minutes. Égoutter et déposer dans une grande casserole, ajouter assez d'eau pour couvrir les pommes de terres de quelques pouces. Amener à ébullition à découvert sur feu moyen. Saler généreusement. Cuire jusqu'à ce que les pommes de terre soient tendres, pendant environ 25-30 minutes. Pendant ce temps, combiner le beurre, le lait et la crème dans une petite casserole et chauffer sans amener à ébullition.

❀ Bien égoutter les pommes de terre, redéposer dans la casserole et remettre sur le feu pour qu'elles sèchent (environ 30 secondes). Écraser les pommes de terre chaudes avec un presse-purée. Remettre dans la casserole et, au moyen d'une cuillère de bois, incorporer en brassant le beurre, le lait et la crème. Ajouter peu à peu les œufs battus en fouettant vigoureusement. Saler et poivrer. Dans un petit bol, mélanger l'huile d'olive, la ciboulette et le sel. Répartir la purée dans 8 ramequins beurrés. Faire un petit trou au milieu des pommes de terre et verser un filet d'huile à la ciboulette. Cuire au four préchauffé à 400 °F (200 °C), pendant 15-18 minutes, jusqu'à ce qu'elles soient chaudes et que la surface soit dorée. Terminer en arrosant d'un peu d'huile de truffe ou en décorant des quelques copeaux de truffes. Servir dans les ramequins.

DONNE : 8 PORTIONS

Peperoni al forno con Maggiorana e Aglio

Poivrons rôtis à la marjolaine et à l'ail

Lorsque j'étais petite, ma nonna Lisetta nous visitait souvent les samedis matins et faisait frire quantité de poivrons rouges. Peu avant qu'ils soient prêts, elle cassait quelques œufs et les faisait frire avec les poivrons. L'arôme qui se dégageait était délicieux. J'adore toujours les poivrons frits... Mais je déteste nettoyer le gâchis que laisse la friture. Cette recette au four répond à tous mes besoins : beaucoup de saveur pour peu de nettoyage !

5 poivrons, un mélange de rouges, jaunes et oranges
3 gousses d'ail, non pelées
4 brins de marjolaine fraîche (ou d'origan), entiers
¼ à ⅓ tasse (65-85 ml) d'huile d'olive extra vierge, un peu plus pour huiler la plaque
Sel de mer et poivre du moulin, au goût

Pour servir :
Huile d'olive extra vierge, pour arroser
⅓ tasse (85 ml) de câprons, rincés et égouttés (facultatif)

❀ Préchauffer le four à 400 °F (200 °C). Couper chaque poivron en deux dans le sens de la longueur et enlever la membrane blanche et les graines. Trancher en morceaux de ½ pouce (1 cm) et faire tremper dans l'eau froide pendant au moins 30 minutes. Égoutter, bien assécher et déposer dans un grand bol. Ajouter le reste des ingrédients et bien mélanger. Disposer sur une plaque à pâtisserie assez grande pour contenir tous les morceaux en une seule couche, faire cuire pendant 25-30 minutes. Transférer dans un bol de service, ajouter les câpres, si désiré, et servir chaud ou à la température de la pièce.

DONNE : 6 PORTIONS

Consigli di cucina

Assaisonnez généreusement les poivrons avant de les cuire sans quoi ils seront fades. Souvenez-vous aussi de ne par surcharger la plaque. Avec les restants, vous pouvez cuisiner rapidement une frittata ou un panini nourrissant.

Torta di Riso ai tre Formaggi

Gâteau de riz aux trois fromages

Ce mets sensationnel qui plaît à tout le monde est idéal pour un brunch du dimanche ou un dîner léger.

Pour le moule :

2 c. à soupe (30 ml) de beurre non salé, à la température de la pièce
¼ tasse (65 ml) de chapelure fine

Pour le gâteau :

4 tasses (1 l) de bébés épinards frais, lavés
3 tasses (750 ml) de riz italien à grain court, tel l'Arborio ou le Vialone-Nano
1 c. à soupe (15 ml) de beurre non salé
2 c. à soupe (30 ml) d'huile d'olive extra vierge
2 grosses échalotes, hachées finement
1 gousse d'ail, hachée
3 gros œufs, légèrement battus
¼ c. à thé (1 ml) de muscade fraîchement râpée
¾ tasse (190 ml) de tomates semi-séchées, coupées en quartiers
5 tranches de prosciutto, haché grossièrement
4 oz (130 g) de mozzarella fraîche, égouttée, asséchée et coupée en dés
4 oz (130 g) de fromage Savello, coupé en dés
¾ tasse (190 ml) de Parmigiano-Reggiano, frais râpé
2 oignons verts, tranchés finement
2 c. à soupe (30 ml) de basilic frais, ciselé
Sel de mer et poivre noir du moulin, au goût

Pour la garniture :

1-2 c. à soupe (30-45 ml) de beurre non salé, froid et coupé en dés

Pour servir :

2 c. à soupe (30 ml) de Parmigiano-Reggiano, pour saupoudrer
Huile d'olive extra vierge, pour arroser

DONNE : 8 PORTIONS

- ❀ Préchauffer le four à 400 °F (200 °C). Beurrer généreusement un moule à charnière de 8 pouces (20 cm) de diamètre. Saupoudrer de chapelure et mettre de côté.

- ❀ Remplir d'eau une casserole de grandeur moyenne, amener à ébullition et saler au goût. Ajouter les épinards pour les blanchir, égoutter à la passoire et passer sous l'eau froide. Essorer légèrement les épinards pour enlever l'excès d'eau, mais sans les assécher complètement. Mettre de côté.

- ❀ Combiner le riz et le beurre dans une grande casserole remplie d'eau salée et cuire 10 minutes, jusqu'à tendreté du riz. Égoutter dans une passoire, verser dans un bol et laisser refroidir légèrement.

- ❀ Entre-temps, chauffer l'huile dans une poêle, ajouter les échalotes et l'ail, et cuire jusqu'à ce qu'ils tombent. Saler et poivrer, au goût. Mélanger les échalotes avec le riz et les épinards, les œufs, la muscade, les tomates, le prosciutto, les fromages, les oignons verts et le basilic. Mélanger, rectifier l'assaisonnement, verser dans le moule et égaliser la surface. Parsemer de beurre froid. Cuire au four de 25 à 30 minutes, jusqu'à ce que le gâteau soit ferme et doré. Saupoudrer de Parmigiano râpé et verser un filet d'huile d'olive extra vierge. Refroidir 5 minutes, couper en pointes et servir chaud.

Consigli di cucina

Préparez ce plat une journée à l'avance et réfrigérez-le. Le jour suivant, laissez-le tempérer avant de l'enfourner. J'aime servir ce mets sur une assiette à gâteau sur pied. Vous n'aurez ensuite qu'à le démouler, le déposer sur une assiette à gâteau et le décorer de tomates cerises sur vigne et de grandes feuilles de basilic placées autour de l'assiette.

La Festa

Une fête
entre amis

Lorsque nous réunissons parents et amis, nous célébrons la vie.

Per finire in bellezza...i dolci

Pour finir en beauté... les gâteaux

Torta con Zucchini, Arancia e Cioccolata

Gâteau aux zucchinis, à l'orange et au chocolat

Ce gâteau moelleux regorge des saveurs intenses du chocolat et de l'orange, et révèle un soupçon de cannelle. Il permet de faire manger des zucchinis aux enfants à leur insu, leur goût disparaît presque complètement en cuisant !

2 ½ tasses (625 ml) de farine non blanchie

½ tasse (125 ml) de poudre de cacao hollandais, comme le Valrhona

2 ½ c. à thé (12 ml) de levure chimique

1 ½ c. à thé (7 ml) de bicarbonate de soude

1 c. à thé (5 ml) de sel

1 c. à thé (5 ml) de cannelle moulue

3 zucchinis de grandeur moyenne, coupés en quartiers sur le sens de la longueur, membrane blanche enlevée et râpés finement

¾ tasse (190 ml) de beurre non salé, à la température de la pièce

2 tasses (500 ml) de sucre granulé

3 gros œufs, à la température de la pièce

Le zeste de 1 orange

2 c. à thé (10 ml) d'extrait de vanille pure

½ c. à thé (2 ml) d'extrait d'orange (facultatif)

½ tasse (125 ml) de lait, à la température de la pièce

1 tasse (250 ml) de pacanes, hachées finement

1 tasse (250 ml) de grains chocolat semi-sucré de qualité (Amedei ou Callebaut)

Pour graisser le moule :

1 c. à soupe (15 ml) de beurre non salé, ramolli

Farine tout usage non blanchie, pour saupoudrer

Pour servir :

Sucre à glacer, pour saupoudrer

Fruits frais de saison : framboises, figues, fraises

Feuilles de menthe fraîche, pour décorer

❀ Préchauffer le four à 350 °F (175 °C). Beurrer généreusement un moule à savarin de 12 tasses (3 l), saupoudrer de farine et en secouer l'excédent. Dans un grand bol, tamiser la farine, la poudre de cacao, la levure chimique, la bicarbonate de soude, le sel et la cannelle. Essorer les zucchinis dans un linge à vaisselle. Mettre de côté.

❀ Mélanger le beurre à grande vitesse avec un batteur sur socle jusqu'à ce qu'il soit léger et mousseux. Ajouter lentement le sucre en fouettant jusqu'à ce qu'il soit incorporé. Gratter les parois du bol. Ajouter les œufs un à un en remuant bien chaque fois. Incorporer le zeste d'orange, la vanille et l'extrait d'orange, si désiré. Battre jusqu'à l'obtention d'une texture légère et mousseuse. Ajouter les zucchinis et bien mélanger. À vitesse basse, incorporer le mélange de farine en alternant avec le lait. Battre jusqu'à ce que la préparation soit homogène. Ne pas trop mélanger. Ajouter les pacanes et les grains de chocolat.

❀ Verser la préparation dans le moule à savarin et faire cuire 55-60 minutes ou jusqu'à ce qu'un cure-dent inséré au centre en ressorte propre. Laisser reposer 10 minutes avant de renverser le gâteau sur une grille. Lorsqu'il est à température de la pièce, saupoudrer de sucre à glacer. Servir avec des fruits frais et décorer de feuilles de menthe.

DONNE : 10-12 PORTIONS

Consigli di cucina

Avant de beurrer le moule à savarin, je le passe sous l'eau chaude et l'assèche bien. De cette façon, le beurre couvre mieux le moule et la farine y adhère plus uniformément.

Spiedini di Frutta con Crema Mascarpone

Brochettes de fruits, crème de mascarpone

Enfants comme adultes trouvent ce dessert fabuleux. Mon fils Luca raffole de ces brochettes de fruits !

½ tasse (125 ml) de mascarpone, importé d'Italie de préférence
3 c. à soupe (45 ml) de crème à fouetter 35 %
1 c. à soupe (15 ml) de miel de fleur d'oranger
½ c. à thé (2 ml) d'extrait d'orange ou de liqueur d'orange
2 Amaretti di Saronno (biscuits italiens), en morceaux
8 fraises, équeutées et entières
½ cantaloup, coupé en morceaux de 1 pouce (2,5 cm)
2 kiwis, pelés et coupés en quartiers
2 figues fraîches, coupées en quartiers
1 pêche, coupée en 8 tranches
32 bleuets
8 mûres
8 framboises
Fruits de saison supplémentaires, comme des mangues, des ananas, etc.

Pour monter :

8 brochettes de bois
8 feuilles de menthe
Sucre aromatisé à l'orange : combiner ½ tasse (125 ml) de sucre granulé et le zeste d'une orange

❀ Dans le bol d'un robot culinaire, combiner le mascarpone, la crème à fouetter, le miel et l'extrait d'orange. Mélanger par impulsions successives jusqu'à l'obtention d'une texture lisse et légèrement plus dense. Incorporer les biscuits Amaretti dans le mélange de crème. Transférer dans un petit bol et réfrigérer. Monter 8 brochettes en agençant harmonieusement les fruits. Servir les brochettes dans des assiettes individuelles accompagnées d'une bonne cuillerée de crème, d'un soupçon de sucre à l'orange et d'une feuille de menthe.

DONNE : 8 PORTIONS

Consigli di cucina

Vous pouvez préparer les brochettes une heure à l'avance. Frottez un peu de jus de citron sur les fruits qui ont tendance à brunir, couvrez d'un film plastique et réfrigérez.

Semifreddo alla Nocciola

Semifreddo
aux noisettes

Le semifreddo est plus léger que le gelato ; il ressemble davantage à une mousse congelée. En raison de sa texture légère et crémeuse, il ne semble jamais très froid. Dans cette recette, j'ai combiné deux de mes ingrédients favoris ; les noisettes rôties et le chocolat. On peut toutefois varier les saveurs : fruits, chocolat, noix, liqueur ou morceaux de biscotti.

½ tasse (125 ml) de noisettes entières

5 jaunes d'œufs

½ tasse (125 ml) de sucre granulé

1 c. à soupe (15 ml) de lait

1 c. à thé (5 ml) de vanille

3 ½ oz (100 g) de chocolat au lait (tablette de Toblerone), haché grossièrement

1 c. à soupe (15 ml) de liqueur de café

2 tasses (500 ml) de crème à fouetter 35 %

½ tasse (125 ml) de chocolat semi-sucré (Amedei, Valrhona, Callebaut), haché finement

Pour la sauce au chocolat :

¼ tasse (65 ml) de crème à fouetter 35 %

¼ tasse (65 ml) de sirop de maïs léger

4 oz (130 g) de chocolat semi-sucré (Amedei, Valrhona, Callebaut), haché finement

1 c. à soupe (15 ml) de beurre non salé

1 à soupe (15 ml) de liqueur de café (facultatif)

1 tasse (250 ml) de petits fruits de saison frais (fraises, framboises, mûres, etc.)

❀ Recouvrir le fond et les côtés d'un moule à pain de 9 x 5 pouces (22 x 12 cm) avec du papier sulfurisé et mettre de côté. Préchauffer le four à 350 °F (175 °C). Disposer les noisettes sur une plaque à pâtisserie et faire griller pendant environ 10 minutes. Mettre les noisettes dans un torchon propre et frotter pour enlever complètement les pelures. Passer les noisettes au robot pour les hacher grossièrement. Mettre de côté.

❀ Dans un bain-marie ou un bol en acier inoxydable pouvant remplir cette fonction, fouetter les jaunes d'œufs, le sucre, le lait et la vanille. Ajouter le chocolat. Déposer le bain-marie ou le bol sur une casserole remplie d'eau à faible ébullition. L'eau ne doit pas toucher le fond du bol. Fouetter jusqu'à ce que le chocolat soit fondu et tiède au toucher. Ne pas faire bouillir. Retirer du feu et ajouter la liqueur et les noisettes. Verser le contenu dans un bol propre et réfrigérer jusqu'à ce qu'il soit froid pendant environ 30 minutes.

❀ Dans un grand bol à mélanger, fouetter la crème jusqu'à formation de pics mous. Ajouter le chocolat semi-sucré et mélanger doucement. À l'aide d'une spatule, ajouter environ ⅓ du mélange de crème fouettée à la préparation de chocolat. Incorporer lentement le reste de la crème fouettée jusqu'à absence de traces blanches. Verser le contenu dans le moule à pain, bien couvrir de papier sulfurisé, puis envelopper de papier d'aluminium avant de congeler pendant au moins 6 heures, ou toute la nuit. Le semifreddo peut se préparer 3 jours à l'avance.

Préparer la sauce :

❀ Dans une petite casserole, mélanger la crème et le sirop de maïs. Remuer sur feu moyen pour dissoudre le sirop et amener le mélange à ébullition. Retirer du feu, ajouter le chocolat d'un coup. Laisser reposer 2 minutes et fouetter jusqu'à l'obtention d'une texture lisse. Incorporer le beurre puis la liqueur. Laisser à la température de la pièce pour déguster le jour même. Sinon, couvrir et réfrigérer.

Servir :

❀ Retirer le moule du congélateur et détacher les parois au moyen d'un couteau. Renverser le dessert sur une assiette de service. Enlever le papier sulfurisé. Dans des assiettes à dessert, servir des tranches de ¾ pouce (2 cm) de semifreddo, napper de sauce au chocolat et décorer de petits fruits.

DONNE : 8 À 10 PORTIONS

Consigli di cucina

Pour enjoliver ce dessert, essayez de le congeler dans des moules à savarin individuels, des ramequins ou des moules en papier. Au moment de servir, renversez-les sur des assiettes individuelles et agrémentez de sauce au chocolat et de fruits frais.

Fondante al Cioccolato

Tous mes proches connaissent mon amour pour le chocolat. Avant, je devais cacher mes provisions pour que les enfants ne les trouvent pas. Je n'ai plus besoin de le faire parce que j'utilise désormais du chocolat noir mi-sucré tandis que mes enfants préfèrent le chocolat au lait. Dans cette recette, j'utilise mon favori, le Amedei Toscano Nero à 70 % de cacao : velouté, onctueux, et très goûteux. Ajoutez une bonne cuillerée de crème glacée et vous serez aux anges !

½ tasse (125 ml) de beurre non salé, un peu plus pour graisser les ramequins

8 oz (225 g) de chocolat mi-sucré, tel Amedei, Valrhona ou Callebaut, haché grossièrement

4 gros œufs, à la température de la pièce

1 jaune d'œuf, à la température de la pièce

1 c. à thé (5 ml) d'extrait de vanille

¼ c. à thé (1 ml) de sel

½ tasse (125 ml) de sucre granulé

2 c. à soupe (30 ml) de farine tout usage non blanchie, un peu plus pour saupoudrer les ramequins

Pour servir :

Sucre à glacer ou poudre de cacao, pour saupoudrer (facultatif)

Crème glacée à la vanille (facultatif)

½ tasse (125 ml) de framboise fraîches

Consigli di cucina

Transformez cette recette en un dessert sans gluten en enlevant simplement les 2 c. à soupe de farine du mélange et en ne saupoudrant pas le moule de farine. J'oublie souvent d'ajouter la farine et le résultat est tout aussi délicieux.

⊛ Préchauffer le four à 450 °F (230 °C). Beurrer et fariner généreusement 8 ramequins de 6 oz (180 ml), secouer l'excédent de farine et placer les ramequins sur une plaque à pâtisserie (sauter cette étape si vous ne prévoyez pas mouler le gâteau).

⊛ Faire fondre le beurre avec le chocolat dans un bain-marie. Dans un bol de grosseur moyenne, en utilisant un batteur à main électrique, battre les jaunes d'œufs, la vanille, le sel et le sucre à grande vitesse jusqu'à l'obtention d'une texture lisse et épaisse, pendant environ 8 à 10 minutes. Verser lentement le chocolat en un mince filet sur le mélange d'œufs, bien mélanger. Ajouter la farine et remuer rapidement pour bien l'incorporer. Distribuer la pâte à gâteau dans les ramequins (on peut les recouvrir d'un film plastique et les garder plusieurs heures au réfrigérateur mais les laisser à température ambiante).

⊛ Faire cuire le gâteau, de 9 à 10 minutes, jusqu'à ce que ses côtés soient fermes mais que les centres soient mous et qu'ils remuent lorsque vous agitez un peu les ramequins. Décoller les parois en faisant tourner la lame d'un couteau d'office, renverser les gâteaux sur des assiettes de service. Laisser refroidir environ 1 minute avant de retirer les ramequins.

⊛ Saupoudrer de poudre de cacao ou de sucre à glacer, si désiré. Servir immédiatement avec de la crème glacée et des framboises fraîches.

DONNE : 8 PORTIONS

Consigli di cucina

Cette pâte à biscuit se congèle très bien.
J'aime doubler la recette pour en avoir
sous la main lorsque des invités arri-
vent à l'improviste.

Variante

Remplacez la farine de maïs par de la
semoule de blé et les bleuets par des
canneberges.

Biscotti al Pistacchio, Cioccolata Bianca e Mitrilli secchi

Biscottis aux pistaches, au chocolat blanc et aux bleuets

Comme beaucoup d'Européens, mon mari Gino aime commencer sa journée par un espresso et quelques biscottis… Il prétend qu'il n'y a rien de mieux que d'aller au travail en ayant un goût sucré dans la bouche. Pour ma part, je les préfère trempés dans un verre de Vin santo !

2 tasses (500 ml) de farine tout usage non blanchie

½ tasse (125 ml) de farine de maïs à gros grains

1 c. à thé (5 ml) de levure chimique

¼ c. à thé (1 ml) de bicarbonate de soude

½ c. à thé (2 ml) de sel

¾ tasse (185 ml) de beurre non salé, à la température de la pièce

Le zeste de 1 orange

Le zeste de 1 citron

1 tasse (250 ml) de sucre granulé

2 gros œufs, à la température de la pièce

1 c. à thé (5 ml) d'extrait de vanille pure

¾ tasse (185 ml) de pistaches, épluchées et non salées

½ tasse (125 ml) de grains de chocolat blanc de qualité (Amedei ou Callebaut) ou une barre, hachée grossièrement

½ tasse (125 ml) de bleuets sauvages séchés

Pour assembler :

1 gros blanc d'œuf, battu avec 2 c. à thé (10 ml) d'eau

2 c. à soupe (30 ml) de sucre perlé blanc ou de sucre brut comme le sucre turbiné

❀ Préchauffer le four à 350 °F (175 °C). Dans un grand bol, tamiser la farine, la levure chimique, le bicarbonate de soude et le sel. Mettre de côté. Dans le bol d'un batteur sur socle muni d'un élément malaxeur, mélanger le beurre et les zestes à vitesse moyenne-élevée jusqu'à l'obtention d'une texture lisse, pendant environ 1 minute. Incorporer lentement le sucre en fouettant pendant 1 autre minute. Dans une tasse à mesurer, battre légèrement les œufs avec l'extrait de vanille. Ajouter graduellement le mélange d'œufs et fouetter pendant 1 autre minute en grattant, au besoin, les parois du bol. Réduire à basse vitesse et ajouter les ingrédients secs en trois temps, mélanger pour combiner. Ajouter lentement les pistaches, le chocolat et les bleuets.

❀ Recouvrir une plaque à pâtisserie de papier sulfurisé. Sur une surface légèrement enfarinée, diviser la pâte en deux. Rouler chaque morceau pour former des bûches de 16 pouces (40 cm), déposer sur la plaque. Aplatir la pâte avec les mains pour obtenir une épaisseur de ¾ pouce (2 cm). Badigeonner chaque bûche du mélange d'œufs et saupoudrer de sucre. Cuire de 25-30 minutes ou jusqu'à ce que les bûches soient légèrement dorées. Retirer du four et laisser reposer 5 minutes. Réduire la température du four à 300 °F (150 °C). Au moyen d'un couteau aiguisé, couper les bûches en tranches de ½ pouce (1 cm) en diagonale. Déposer les tranches à la verticale et remettre au four 20-25 minutes ou jusqu'à ce qu'elles commencent à dorer. Retirer du four, laisser reposer 5 minutes et transférer sur une grille. Conserver dans un contenant hermétique en séparant chaque couche d'un morceau de papier sulfurisé.

DONNE : ENVIRON 40 BISCOTTIS

Torta di Mandorle, Limone e Ricotta

Gâteau aux amandes, au citron et à la ricotta

Cette recette est parfaite pour un gâteau de fête légèrement sucré. J'aime le servir l'été, lorsque les fruits sont à leur meilleur. Parsemez-le d'un peu de sucre à glacer pour le transformer en un délice !

2 ½ tasses (625 ml) d'amandes, mondées et grillées (on peut également utiliser un mélange d'amandes et de noisettes)

½ tasse (125 ml) de farine tout usage non blanchie, un peu plus pour saupoudrer

3 c. à soupe (45 ml) de zeste de citron

1 tasse (250 ml) de beurre non salé, 1 c. à soupe (15 ml) de plus pour beurrer le moule

1 tasse (250 ml) de sucre granulé et 2 c. à soupe (30 ml) de plus

6 gros œufs, séparés

½ c. à thé (2 ml) d'essence de citron pure ou d'extrait

1 ¼ tasse (315 ml) de ricotta, égouttée

⅓ tasse (85 ml) de jus de citron frais

Pour la crème fouettée :

1 tasse (250 ml) de crème 35 %

1 c. à soupe (15 ml) de sucre à glacer

¼ c. à thé (1 ml) d'essence de citron pure ou d'extrait

Pour servir :

¼ tasse (65 ml) de sucre à glacer, pour saupoudrer

Fruits de saison frais : figues, framboises, fraises, mûres, groseilles, etc.

Feuilles de menthe fraîche pour décorer

consigli di cucina

Ce gâteau est meilleur avec le temps ; essayez de le préparer une journée à l'avance pour que les saveurs aient le temps de bien se développer.

⊛ Préchauffer le four à 375 °F (190 °C). Beurrer un moule à charnière rond de 10 pouces (25 cm), recouvrir le fond de papier sulfurisé et saupoudrer de farine. Dans le bol d'un robot culinaire, ajouter les amandes et 2 c. à soupe (30 ml) de sucre. Moudre les amandes en appuyant à répétition sur le bouton marche/arrêt jusqu'à l'obtention d'une poudre fine. Combiner la farine et le zeste de citron par impulsion, mettre de côté. Dans le bol d'un batteur sur socle muni d'un élément malaxeur, mélanger le beurre et le sucre restant à vitesse moyenne-élevée, jusqu'à l'obtention d'une texture pâle et mousseuse. Ajouter les jaunes d'œufs, un à la fois, puis l'essence de citron. Bien mélanger en grattant les parois du bol, au besoin. Réduire la vitesse et incorporer lentement le mélange de farine et d'amandes. Dans un petit bol, battre la ricotta et le jus de citron au fouet puis incorporer graduellement ce mélange à la préparation.

⊛ Dans un autre bol, battre les blancs d'œufs en neige. Incorporer le tiers des blancs d'œufs au mélange, puis le reste, en remuant pour bien mélanger. Verser la préparation dans un moule et cuire 60-70 minutes, jusqu'à ce que le gâteau soit légèrement doré ou qu'un cure-dents inséré en son milieu en ressorte propre. Laisser refroidir 10 minutes sur une grille.

Préparer la crème fouettée :

⊛ Fouetter la crème avec le sucre à glacer et l'essence de citron jusqu'à la formation de pics mous. Renverser soigneusement le gâteau sur une assiette de service et saupoudrer de sucre à glacer. Servir avec des petits fruits frais et une bonne cuillerée de crème fouettée parfumée au citron.

DONNE : 8-10 PORTIONS

Sorbetto al Limone

Sorbet au citron

Ce sorbet provoque en bouche une véritable explosion d'agrumes glacés et rafraîchissants. On peut le servir comme entrée, amuse-bouche ou dessert léger. Je mélange du jus d'orange au jus de citron ce qui adoucit l'acidité de ce dernier.

1 ½ tasses (375 ml) de sucre granulé
2 ½ tasses (625 ml) d'eau
Le zeste et le jus de 6 citrons moyens
Le zeste et le jus de 1 orange moyenne

Pour servir :

6 petits citrons
Feuilles de menthe, pour décorer
Sucre à glacer, pour saupoudrer

❀ Dans une petite casserole à fond épais, combiner le sucre, l'eau ainsi que les zestes d'orange et de citron. Amener à ébullition et laisser mijoter de 3 à 4 minutes, en remuant de temps en temps jusqu'à ce que le sucre soit dissous et que le sirop soit clair. Retirer du feu et laisser refroidir.

❀ Entre-temps, filtrer les jus de citron et d'orange dans un bol. Filtrer le sirop dans le même bol. Couvrir et réfrigérer jusqu'à ce qu'il soit froid, pendant 2-3 heures. Verser ensuite dans une sorbetière et turbiner selon le mode d'emploi du fabriquant, jusqu'à ce que le préparation soit glacée mais molle. Transférer le sorbet dans un contenant de congélation. Couvrir et congeler jusqu'à fermeté, au moins 6 heures ou toute la nuit.

Servir :

❀ Couper des chapeaux aux citrons restants et en râper un peu les bases pour qu'ils tiennent debout. Vider l'intérieur, presser le jus et le conserver pour une autre recette. Congeler les citrons vides et les chapeaux. Au moment de servir, remplir les citrons et remettre les chapeaux. Ramollir au réfrigérateur pendant 10-15 minutes avant de servir. (Le sorbet se mange mou et non dur comme le roc à peine sorti du congélateur). Saupoudrer chaque citron de sucre à glacer et décorer de feuilles de menthe. Servir.

Donne : 6 portions

Consigli di cucina

Les sorbets maison sont meilleurs fraîchement turbinés. Le lendemain, j'aime concocter une limonade avec les restes du sorbet : vous n'avez qu'à le diluer avec de l'eau, au goût, et à le servir avec feuilles de menthe fraîche et glaçons.

Involtini della Nonna Gisella

Roulés de Nonna Gisella

Mes enfants adorent ces biscuits parce qu'ils sont fourrés au Nutella, l'un de leurs aliments préférés. La pâte est très facile à travailler et à rouler. Les biscuits sont fort jolis et le sucre à glacer leur donne un air de fête.

Pour la pâte :

1 c. à thé (5 ml) de levure sèche

¼ de tasse (60 ml) d'eau tiède
   (105 °F ou 40 °C)

3 tasses (750 ml) de farine tout usage
   non blanchie, un peu plus pour la
   surface de travail

2 c. à soupe (30 ml) de sucre granulé

1 tasse (250 ml) de beurre non salé, à
   la température de la pièce, coupé en
   gros morceaux

2 œufs, légèrement battus

Pour la garniture :

Un pot de 12 oz (400 g) de Nutella
   (tartinade aux noisettes et au
   cacao)

½ tasse (125 ml) de noix décortiquées,
   hachées finement

1 c. à soupe (15 ml) d'extrait d'orange
   pur ou de liqueur d'orange

Pour servir :

¼ tasse (65 ml) de sucre à glacer,
   pour saupoudrer

DONNE : 80 BISCUITS

Consigli di cucina

Ces biscuits se congèlent bien dans un récipient en plastique muni d'un couvercle hermétique. Je place également un morceau de papier sulfurisé entre les couches de biscuits.

Préparer la pâte :

❧ Dans un petit bol, délayer la levure dans l'eau. Combiner la farine et le sucre dans le bol d'un robot culinaire muni d'un couteau. Mélanger en appuyant à répétition sur le bouton marche/arrêt. Ajouter le beurre et mélanger rapidement par impulsion jusqu'à l'obtention d'une texture semblable à de la chapelure à gros grains. Ajouter les œufs et la levure diluée. Continuer de mélanger par impulsion jusqu'à ce que le mélange commence à s'agglutiner.

❧ Déposer la pâte sur une surface légèrement enfarinée. Fariner vos mains et pétrir la pâte jusqu'à ce qu'elle soit lisse et que tous les ingrédients soient incorporés, pendant environ 1 minute. Former 10 boules, bien les envelopper et réfrigérer toute la nuit. Le jour suivant, laisser tempérer la pâte avant de la travailler.

Préparer la garniture :

❧ Dans un petit bol, combiner le Nutella, les noix et l'extrait d'orange. Bien mélanger et mettre de côté.

Faire les roulés :

❧ Préchauffer le four à 350 °F (175 °C) et recouvrir deux plaques à pâtisserie de papier sulfurisé. Sur une surface de travail légèrement enfarinée, au moyen d'un rouleau à pâte enfariné, abaisser une boule de pâte à une épaisseur de ⅛ pouce (0,3 cm). Couper la pâte en 8 parts égales. Étendre ½ c. à thé (2,5 ml) de garniture sur l'extrémité large de chaque morceau et rouler, à la façon d'un roulé à la confiture, en s'assurant que les côtés sont bien repliés. Mettre les biscuits sur la plaque, leur ligne de jonction vers le bas, en les séparant de 1 pouce (2,5 cm). Cuire jusqu'à ce qu'ils soient dorés, environ 13 à 15 minutes. Transférer sur une grille et laisser refroidir complètement.

Pour servir :

❧ Saupoudrer d'un peu de sucre à glacer.

Index

Table des recettes